Kostenlose Online-Spiele Entdecken

Hier Erhältlich:

BestActivityBooks.com/FREEGAMES

5 TIPPS FÜR DEN ANFANG!

1) LÖSUNG DER RÄTSEL

Die Puzzles haben ein klassisches Format :

- Die Wörter sind ohne Abstand, Bindetrich usw… versteckt
- Richtung : vor-& rückwärts, auf & ab oder in der Diagonale (beider Richtungen)
- Die Wörter können übereinanderliegen oder sich kreuzen

2) AKTIVES LERNEN

Neben jedem Wort ist ein Abstand vorgesehen zum Aufschreiben der Übersetzung. Um ihre Kenntnisse zu überprüfen und zu erweitern befindet sich am Ende des Buches ein **WÖRTERBUCH**. Suchen sie die Übersetzungen, schreiben sie sie auf, dann können sie sie in den. Puzzles suchen und ihrem Wortschatz hinzufügen.

3) ANZEICHNUNG DER WÖRTER

Haben sie schon einmal versucht eine Anzeichnung zu verwenden? Sie könnten zum Beispiel die Wörter, die schwer zu finden sind, ankreuzen, die Wörter, die sie lieben, mit einem Stern, neue Wörter mit einem Dreieck, seltene Wörter mit einem Diamant usw … anzeichnen

4) IHR LERNEN ORGANISIEREN

Am Ende dieser Ausgabe bieten wir auch ein praktisches **NOTIZBUCH** an. Ob im Urlaub, auf Reisen oder zu Hause, sie können ihr neues Wissen ganz einfach organisieren, ohne ein zweites Notizbuch zu benötigen!

5) SIND SIE AM SCHLUSS ?

Gehen sie zum Bonusbereich : **MONSTER-HERAUSFÖRDERUNG,** um ein kostenloses Spiel zu finden, das am Ende dieser Ausgabe angeboten wird !

Lust auf mehr Spaß und **Lernaktivitäten? Schnell und einfach :** eine ganze Spielbuchsammlung mit einem einzigen Klick erhaltbar :

Mit diesem Link finden sie ihre nächste Herausforderung :

BestActivityBooks.com/MeineNachsteWortsuche

Achtung, fertig, ... Los !!

Wussten sie, dass es auf der Welt ungefähr 7.000 verschiedene Sprachen gibt ? Wörter sind kostbar.

Wie lieben Sprachen und haben schwer daran gearbeitet, die Bücher von höchster Qualität für sie zu entwerfen. Unsere Zutaten ?

Eine Auswahl von angepassten Lernthemen, drei große Scheiben Spaß, dann fügen wir einen Löffel schwieriger Wörter und eine Prise seltener Wörter hinzu. Wir servieren sie mit Sorgfalt und ein Maximum an Freude, damit sie die besten Wortspiele lösen und Spaß am Lernen haben.

Ihre Meinung ist wichtig. Sie können aktiv zum Erfolg dieses Buches beitragen, indem sie uns eine Bemerkung hinterlassen. Sagen sie uns, was ihnen an dieser Ausgabe am besten gefallen hat !!

Hier ist ein kurzer Link, der sie zu ihrer Bewertungsseite führt

BestBooksActivity.com/Rezension50

Vielen Dank für ihre Hilfe und viel Spaß

Linguas Classics

1 - Gesundheit und Wellness #2

```
A L E R G I J E E N A K C L G Y
K M K P I C T J R N R M D T E H
A K J K V I R H T A I F D R N I
L И P A A Z O G G F I P E U R G
O A M N Y I P A D S Z C R E A I
R N B A K R S V C N U Z Z V G J
I B O T U S E N E R G I J A R E
J R L O B И R I J M A S A Ž A N
A L E M L I T M I A T N T P S E
B Y S I K H S A C Y E T I P A И
K O T J O Y A T K C J И T Ž N U
P R L E R H L I E K I T E N E G
J J V N P L И V F J D G P G Z T
N D D N I P M A N И V V A R D Z
T A S G V C G Y I U G P E F Z I
A A I U T H A K G N S B V V B U
```

ALERGIJE
ANATOMIJE
APETIT
KRV
DIJETA
ENERGIJA
GENETIKE
ZDRAV
TEŽINA
HIGIJENE

INFEKCIJE
KALORIJA
BOLNICA
BOLEST
MASAŽA
RIZICI
SAN
SPORT
STRES
VITAMIN

2 - Ozean

```
J  I  O  S  K  S  P  P  H  O  A  F  J  И  B  V
Y  J  T  A  R  U  T  L  M  B  A  L  E  G  E  P
N  H  A  H  A  N  I  Y  I  M  Z  И  G  R  H  Y
B  P  L  K  B  Đ  O  L  R  M  И  И  U  E  O  G
A  C  A  K  A  E  C  H  S  U  E  Z  L  B  B  D
O  G  S  M  G  R  Č  T  H  R  И  E  J  E  O  E
S  L  A  Y  J  R  C  A  P  P  E  Y  A  N  T  L
A  A  U  N  И  I  I  P  M  A  K  Š  Č  E  N  F
G  R  F  J  P  L  G  И  R  A  J  A  A  Z  I  I
E  P  D  V  A  N  U  T  I  N  C  C  J  C  C  N
R  V  H  D  Z  K  P  K  B  D  K  M  N  V  E  H
H  K  H  J  U  V  U  I  E  M  E  Y  R  O  L  Z
E  A  P  B  D  O  S  T  R  I  G  A  O  O  O  D
V  O  F  D  E  K  O  R  A  L  M  C  K  L  I  D
U  R  S  U  M  B  V  A  J  K  U  L  A  E  B  A
Z  R  T  E  M  L  P  O  V  G  J  K  I  T  U  K
```

JEGULJA	HOBOTNICE
OSTRIGA	MEDUZA
ČAMAC	GREBEN
DELFIN	SO
RIBE	KORNJAČA
ŠKAMPI	SUNĐER
PLIME	OLUJA
AJKULA	TUNA
KORAL	KIT
KRABA	TALASA

3 - Krankheit

```
L  R  B  A  K  T  E  R  I  J  A  T  B  N  T  G
T  E  A  L  E  R  G  I  J  E  M  E  K  D  E  M
R  S  H  D  M  E  Z  K  U  P  T  L  C  S  R  D
B  P  H  R  O  N  I  Č  N  E  V  O  K  A  A  F
U  I  D  A  R  D  T  J  D  C  C  N  D  M  P  И
Š  R  C  Z  D  E  S  B  V  V  S  R  S  P  I  Z
N  A  Z  R  N  L  O  S  L  A  B  A  S  T  J  L
J  T  S  Z  I  S  K  Z  A  R  A  Z  N  E  A  P
A  O  H  U  S  A  G  B  K  Y  B  F  P  T  G  H
C  R  Y  N  N  E  U  R  O  P  A  T  I  J  A
I  N  O  D  O  I  E  D  L  Z  C  F  L  N  I  F
Y  A  R  A  M  D  S  L  Z  A  U  T  Z  U  E  H
G  E  N  E  T  S  K  E  V  G  P  B  E  M  S  A
V  E  L  L  N  E  S  S  B  A  P  U  S  I  T  K
D  Z  D  R  A  V  L  J  E  O  K  H  Z  C  F  J
U  И  D  L  Y  S  T  J  T  I  C  U  C  H  T  H
```

TRBUŠNJACI	SRCE
ALERGIJE	IMUNITET
ZARAZNE	KOSTI
RESPIRATORNA	TELO
BAKTERIJA	NEUROPATIJA
HRONIČNE	SLAB
UPALU	SINUSA
NASLEDNE	SINDROM
GENETSKE	TERAPIJA
ZDRAVLJE	VELLNESS

4 - Meditation

```
P A C M K T V A U U E G A U T Z
L E J N A T A V H I R P G Č I A
Z Ć R R H V N Z P R C P K E Š H
J O Z S Z D Z U U M J E B N I V
R N P P P K S A C T V K U J N A
N S Y P F E P R I R O D A A A L
A A L K E M K N M L N A Ć L J N
A J M I R M E T U G R M E J R O
P O K R E T U N I K I I R U V S
U N L P V I T Z T V M S S B C T
И N P A Ž N J A I A E L F A O S
U O H Z B C U P D K L I A Z B O
S Y J A A B P S K A A N N U R
D I S A N J E D P C B Y E O D C
V O R S A O S E Ć A N J E S A T
S O I N V K U M O K O M D T N O
```

PRIHVATANJE
DISANJE
PAŽNJA
POKRET
ZAHVALNOST
LJUBAZNOST
MIR
MISLI
MENTALNE
SREĆA

JASNOĆE
UČENJA
SAOSEĆANJE
MUZIKA
PRIRODA
PERSPEKTIVE
MIRNO
TIŠINA
UM
BUDAN

5 - Archäologie

```
T И O И И N P G R O B N I C A J
H P E Z Y E G R U G E D И U O H
P K D R E P T U O E И V И N V D
H J E E M O M Z A F G Z B J R P
Y R U R I Z T I P J E K I T N A
R A A E S N I D K V T S F E Č F
U P Z M T A E R O D I D O R A K
O A I M E T T P D B M S F R V G
N L L Z R R K O S T I F O S I L
J B A M I E E P Z F P V K A Ž P
M O N B J P J K O O P V T I A R
H O A E A S B G И T T K K H R O
E И Y J A K O V Y P O T A A T C
R M R J K E Y F U S E M G T S E
Z A B O R A V I O D Z J A S I N
R E L I K V I J A T F F N K E A
```

ANALIZA   KOSTI
ANTIKE   TIM
PROCENA   POTOMAK
ERE   OBJEKTE
EKSPERT   PROFESOR
ISTRAŽIVAČ   RELIKVIJA
FOSIL   HRAM
MISTERIJA   NEPOZNAT
GROBNICA   ZABORAVIO

6 - Gesundheit und Wellness #1

```
R  E  L  A  K  S  A  C  I  J  A  H  M  P  G  И
Y  I  A  L  O  E  C  K  P  Y  K  Z  B  M  Z  Z
L  K  Y  G  M  K  A  V  O  O  I  E  P  E  N  D
B  I  F  L  C  P  V  P  M  Ž  V  E  I  Y  L  J
G  O  J  R  O  A  I  J  U  A  A  R  P  L  M  Y
Y  R  O  E  N  N  Ž  Y  R  Y  N  M  E  A  T  U
M  U  N  F  B  A  K  T  E  R  I  J  A  D  N  J
N  K  J  L  V  G  M  N  D  H  F  I  N  A  A  A
R  D  D  E  L  J  L  D  И  И  D  K  T  O  M  O
K  J  D  K  K  G  R  A  K  E  L  S  V  U  T  Y
L  O  N  S  M  H  И  I  D  K  V  R  L  D  E  C
I  V  I  S  I  N  A  J  E  E  A  A  Y  R  R  E
N  T  E  R  A  P  I  J  A  T  D  K  M  Z  T  S
I  K  O  S  T  I  D  И  M  O  L  E  R  P  M  U
C  V  I  R  U  S  T  H  V  P  F  L  D  V  A  D
I  K  M  F  L  E  K  H  V  A  K  T  I  V  A  N
```

AKTIVAN
APOTEKE
LEKAR
BAKTERIJA
TRETMAN
RELAKSACIJA
PRELOM
NAVIKA
KOŽA
VISINA

GLAD
KLINICI
KOSTI
LEK
LEKARSKI
ŽIVACA
REFLEKS
TERAPIJA
POVREDA
VIRUS

7 - Obst

```
K  S  V  B  E  K  H  T  E  A  K  O  D  Y  P  B
R  H  I  T  M  S  A  T  J  A  P  E  A  K  O  R
U  S  Š  Y  O  Z  R  J  M  A  L  I  N  E  M  E
Š  B  N  U  M  I  L  K  S  F  B  A  I  I  O  S
K  Z  J  G  R  O  Ž  Đ  A  I  R  R  E  B  R  K
E  P  E  A  V  O  K  A  D  O  J  A  N  L  A  V
J  T  B  L  N  A  N  A  N  A  S  E  A  O  N  E
A  M  A  K  U  B  A  J  K  U  P  I  N  A  D  L
I  P  N  Y  V  N  U  S  T  F  N  M  A  L  Ž  L
V  B  I  D  A  P  A  R  T  Y  U  A  B  H  A  Y
I  K  R  H  I  G  O  H  E  H  A  P  P  P  I  U
K  Y  A  Z  Y  N  U  A  P  S  A  R  P  L  A  M
A  O  T  C  I  N  J  P  A  P  A  J  A  L  U  V
K  B  K  B  L  A  T  A  P  K  A  S  M  J  M  B
G  G  E  O  H  D  T  A  V  N  D  B  Z  Y  B  H
H  T  N  B  S  И  T  H  И  M  M  B  U  C  I  N
```

ANANAS	KIVI
JABUKA	KOKOS
KAJSIJE	DINJA
AVOKADO	NEKTARINA
BANANE	POMORANDŽA
BERRI	PAPAJA
KRUŠKE	BRESKVE
KUPINA	PLAM
MALINE	GROŽĐA
VIŠNJE	LIMUN

8 - Universum

```
H D K И E A U A M A T T R M V R
O C E A J I C I T S L O S H D V
R S A J I P E B Y M D S A S E F
I G E I M R E A T U O M K L V V
Z K E S O D R Y M И R S M S Y I
O T N K N N E B O G R M F O A A
N C H A O D F O N M И И U E R U
T F R L R B S G O T И S A K R P
A H C A T D I A R L B Z O Č O A
И Z F G S E M U T I B R O I T K
M K C P A R E C S T H A I M A A
M E S E C A H G A L J L N S V J
R I C A S T E R O I D N M O K I
N E B E S K O M A N A I U K E D
U U M G T E L E S K O P И P P O
S O L A R N E V I D L J I V E Z
```

ASTEROID
ASTRONOM
ASTRONOMIJE
ATMOSFERA
EON
EKVATOR
TAMA
GALAKSIJA
HEMISFERE
NEBO

NEBESKO
HORIZONT
KOSMIČKE
MESEC
ORBITU
VIDLJIVE
SOLARNE
SOLSTICIJA
TELESKOP
ZODIJAKA

9 - Camping

```
M  K  T  C  N  R  R  N  Y  J  И  V  P  I  U
И  A  V  A  B  A  Z  K  P  M  H  J  И  G  P  L
P  Ć  P  K  A  B  I  N  E  E  F  E  N  J  E  R
B  E  A  A  O  C  V  M  N  S  Z  V  R  A  A  L
Ž  S  Y  F  U  Y  P  R  E  E  P  P  Y  L  G  G
E  I  F  I  R  G  E  U  N  C  A  P  O  N  O  K
N  V  V  K  O  M  P  A  S  H  Y  E  P  T  N  Z
I  U  G  O  R  E  Z  E  J  G  C  G  F  И  Z  A
N  N  K  U  T  A  V  A  N  T  U  R  A  A  O  Y
A  A  S  I  A  I  N  I  D  P  I  L  B  L  O  V
L  K  K  E  K  L  N  K  O  R  I  Š  E  Š  C  U
P  A  S  F  K  C  V  J  P  I  C  Š  U  M  A  U
O  B  O  H  C  T  I  U  E  R  T  C  D  V  C  T
Ž  Š  A  T  O  R  H  D  M  O  S  A  D  P  B  B
A  N  L  R  T  C  A  F  P  D  N  T  P  M  S  G
R  И  H  P  E  Y  A  O  И  A  И  E  U  Y  M  P
```

AVANTURA	KOMPAS
PLANINE	FENJER
POŽAR	MESEC
VISEĆA	PRIRODA
ŠEŠIR	JEZERO
INSEKT	KONOPAC
LOV	ZABAVA
KABINE	ŽIVOTINJE
KANU	ŠUMA
MAPA	ŠATOR

10 - Zeit

```
M O K S J K P G R T P M E P R E
I G U A A J E G N H C G H Y A R
N B I C D S Y A O И O N A R C
U V N A E D A L P N D D U I O A
T S C D S F G S F I A I R M R G
S F K G E F O O B H N N Y T F Z
O И K Z M A D O J K И A R J Z D
N Z S A T J I D E C E N I J E И
Ć Ć G O F L Š M P V J G F N K I
U P O D N E N K A L E N D A R B
D Y R N K D J M P J C K Z R J U
U N T A P E E P O S L E J U Č E
B K U G И N V T I K Z F I A И R
L Y J M И I H R T H I Z I A U G
A J N Z Z M A T F C D T A G H C
P R Y N I N B S Y U Y Z P I U K
```

RANO	PODNE
JUČE	MESECA
DANAS	JUTRO
GODINA	POSLE
VEK	NOĆ
DECENIJE	DAN
GODIŠNJE	SAT
SADA	PRE
KALENDAR	NEDELJA
MINUT	BUDUĆNOST

11 - Säugetiere

```
A  K  O  I  T  M  M  P  G  B  G  N  C  C  H  L
M  O  V  P  B  B  E  A  И  И  O  G  U  B  И  G
U  O  C  K  I  Y  D  N  R  V  R  A  G  I  T  G
A  U  E  M  C  K  V  T  I  K  I  D  A  B  A  R
Y  E  A  E  M  L  E  E  K  Z  L  G  Y  P  F  H
Ž  I  R  A  F  A  D  R  G  E  A  B  A  N  F  P
L  L  J  N  R  P  K  B  E  B  S  M  I  B  N  A
B  B  Y  V  L  D  J  И  V  R  J  K  H  K  A  C
H  M  M  L  S  S  R  P  Y  A  E  V  Y  U  K  O
L  L  Z  J  I  J  A  A  N  E  E  S  P  V  E  V
M  H  D  T  M  S  A  P  H  И  P  I  P  A  N  J
R  A  L  U  O  I  I  A  И  G  M  I  J  L  G  A
B  A  J  N  O  K  V  C  A  R  V  P  H  P  U  L
Z  A  R  M  G  N  I  I  A  T  O  J  O  K  R  A
K  K  Z  V  U  T  A  D  I  H  A  P  C  T  V  P
C  K  T  V  H  N  O  L  S  P  V  C  L  A  Y  A
```

MAJMUN   LAV
MEDVED   PANTER
DABAR   KONJ
SLON   PACOV
LISICA   OVCE
ŽIRAFA   BIK
GORILA   TIGAR
PAS   KIT
KENGUR   VUK
KOJOTA   ZEBRA

12 - Algebra

```
O Z Z D L U M L A F L E U M J B
И D H A M C И E T R C K K R I E
F F U C G M H V U A C S K E O S
A O V Z S R P H G K L P I N K K
R F R R I Y A N T C A O M R P R
G A A M И M N D E I Y N P A N A
A K D J U E A P A J F E P E R J
J T S C D L L N T A E N O N L N
R O Z I S B U S J K J T S I D A
I R O A F O N R O E N Ž A L I N
P H M R M R V S R R E P S D J I
E U C F L P T G B E Š E J Y A Č
K J L M K I B Y Y Š E И J P G I
V S A D T C E A C I R T A M R L
J E D N A Č I N A Z C S S C A O
P R O M E N L J I V A K E R M K
```

FRAKCIJA	REŠI
DIJAGRAM	REŠENJE
EKSPONENT	MATRICA
FAKTOR	KOLIČINA
LAŽNE	NULA
FORMULU	BROJ
JEDNAČINA	PROBLEM
GRAF	ODUZIMANJE
ZAGRADA	BESKRAJNA
LINEARNE	PROMENLJIVA

13 - Diplomatie

```
J  E  K  I  T  I  L  O  P  G  P  И  K  O  P  M
T  E  T  I  R  G  E  T  N  I  R  S  K  L  E  N
T  N  A  I  N  A  R  T  S  J  M  A  V  V  M  A
Y  И  G  V  K  U  Y  U  H  V  A  N  Đ  E  D  U
J  P  V  A  R  E  R  E  Š  E  N  J  E  A  R  U
R  S  I  G  U  R  N  O  S  T  T  U  H  L  N  K
O  P  M  P  J  T  I  L  M  T  Z  G  U  Z  R  A
D  I  P  L  O  M  A  T  S  K  E  O  M  V  D  J
A  C  I  N  D  E  J  A  Z  N  D  V  A  L  I  E
S  И  L  E  G  R  Y  L  N  C  A  O  N  A  S  Z
A  J  N  D  A  R  A  S  E  R  S  R  I  D  K  I
B  B  A  I  V  S  U  K  O  B  A  A  T  A  U  K
M  D  H  S  H  M  B  O  P  L  B  M  A  U  S  A
A  P  R  A  V  D  A  A  E  Y  M  M  R  I  I  N
P  V  S  E  A  И  N  N  A  И  A  V  N  Y  J  И
S  A  V  E  T  N  I  K  C  K  A  P  E  G  E  S
```

STRANI	HUMANITARNE
SAVETNIK	INTEGRITET
AMBASADE	SUKOBA
AMBASADOR	REŠENJE
GRAĐANA	POLITIKE
DIPLOMATSKE	VLADA
DISKUSIJE	SIGURNOST
ETIKE	JEZIKA
ZAJEDNICA	UGOVORA
PRAVDA	SARADNJA

14 - Astronomie

```
O Y O N E J A S D I O R E T S A
D G V P S A Z V E Ž Đ E J E U D
K J P A S C F T K P H A O L P Z
A O T L A E I V Z J M V S E E E
S B M C Y S R Z E M L J E S R V
T E R E P E O V S G C И V K N Z
R N I A T M Z E A И G И K O O A
O C M L K A V M H T M P Z P V S
N I E U K E I M N I O M O R A T
O И V B P E T Y G L Z R L F E R
M R S E S Z G A R E H O I Y V O
T P M N T Z H Y S T F M T J A N
Z O D I J A K A E A R B U G E A
K O S M O S K E F S O Z N E Y U
P K P L A N E T E M E T E O R T
И И G N Y J A N И I C H B A M A
```

ASTEROID

ASTRONAUTA

ASTRONOM

ZEMLJE

NEBO

KOMETA

SAZVEŽĐE

KOSMOS

METEOR

MESEC

NEBULA

OPSERVATORIJE

PLANETE

RAKETA

SATELIT

ZVEZDA

SUPERNOVA

TELESKOP

ZODIJAKA

SVEMIR

15 - Ballett

```
I  A  K  R  M  A  T  I  R  C  U  J  U  A  M  Z
O  O  J  V  B  V  P  O  C  Y  O  G  M  И  U  K
G  K  A  N  I  R  E  L  A  B  U  I  J  R  Z  C
L  N  B  I  M  Z  E  K  A  Ć  I  Š  I  M  I  R
I  L  A  U  F  V  R  C  K  U  L  U  Z  F  K  D
G  Z  B  M  H  I  A  H  U  A  Z  O  S  L  A  S
R  T  R  O  T  I  Z  O  P  M  O  K  F  U  A  T
A  E  A  A  J  I  F  A  R  G  O  E  R  O  K  I
C  H  T  H  Ž  A  S  G  H  U  V  K  B  L  J  L
I  N  S  D  G  A  B  I  Y  V  E  I  S  O  D  B
O  I  E  U  P  A  J  И  G  O  Š  L  M  S  R  N
Z  K  K  G  E  S  T  A  Z  B  T  B  P  R  M  P
A  A  R  F  V  A  E  E  N  A  I  U  A  S  T  U
N  K  O  P  L  E  S  A  Č  A  N  P  O  Y  U  N
U  M  E  T  N  I  Č  K  E  A  A  T  D  E  P  D
I  N  T  E  N  Z  I  T  E  T  B  B  U  И  J  L
```

GRACIOZAN	MUZIKA
APLAUZ	MIŠIĆA
IZRAŽAJAN	ORKESTAR
BALERINA	PROBE
KOREOGRAFIJA	PUBLIKE
VEŠTINA	RITAM
GEST	SOLO
INTENZITET	STIL
KOMPOZITOR	PLESAČA
UMETNIČKE	TEHNIKA

16 - Geologie

```
K И I S E K J V A U U E V Z C K
L O L J P O T A L P Z S U Z Y A
U S N A M R I Z J E G S L A P V
O G N T U A M K L P I U K Z J E
R A H I I L T I T K A L A T S R
A Y E M R N S S N N Y D N L A N
S D Y G N L E P U E D B B H Z A
T H S A T A R N K M R Z O N I I
O E Z L F V T A T A G A Y L G H
P R K A A A O P U K L P L K E J
L O E T G R J P L F A C R A V K
J Z C S P Y L I S O F P I L Y A
E I B D U F M Y U M O C A J M H
N J H O L A E N I L E S I K U S
I E Z V J T Z N H U B C C N S M
A V T P T J D A G I U T V И R K
```

ZEMLJOTRES	MINERALA
EROZIJE	PLATO
FOSIL	KVARC
RASTOPLJENI	SO
GEJZIR	KISELINE
KAVERNA	STALAGMITA
KALCIJUM	STALAKTIT
KONTINENT	KAMEN
KORAL	VULKAN
LAVA	ZONI

17 - Wissenschaft

```
E  P  H  E  T  S  P  G  M  I  N  E  R  A  L  A
V  O  I  K  A  J  I  R  O  T  A  R  O  B  A  L
O  D  P  S  M  F  N  A  Č  K  H  Z  G  R  S  U
L  A  O  P  Z  O  V  V  J  E  L  N  R  A  K  K
U  T  T  E  I  S  A  I  U  C  S  I  A  A  N  E
C  A  E  R  N  I  G  T  L  K  V  T  M  T  K  L
I  K  Z  I  A  L  C  A  K  M  I  A  I  A  P  O
J  A  E  M  G  J  A  C  A  Z  E  J  C  C  F  M
E  K  C  E  R  B  A  I  B  I  L  J  K  E  E  O
H  K  T  N  O  Y  V  J  S  T  V  A  R  I  M  T
I  H  S  T  Y  H  U  E  V  E  U  F  Y  K  E  A
F  И  J  P  R  I  R  O  D  A  I  E  A  T  A
P  O  K  A  I  K  R  O  J  V  O  Z  I  N  O  P
K  M  A  V  G  M  Y  Z  N  V  O  I  O  L  D  O
G  J  G  P  Y  G  E  H  L  G  B  K  A  P  T  D
N  A  U  Č  N  I  K  H  L  Z  D  E  R  A  B  C
```

ATOM	MINERALA
HEMIJSKE	MOLEKULA
PODATAKA	PRIRODA
EVOLUCIJE	ORGANIZMA
EKSPERIMENT	ČESTICE
FOSIL	BILJKE
HIPOTEZE	FIZIKE
KLIMA	GRAVITACIJE
LABORATORIJA	STVARI
METOD	NAUČNIK

18 - Bildende Kunst

```
N A Y M H A K A S O V P H E B O
J R S Z T T F R E K L D E P V T
M H L A I O O O E K I M A R E K
S I I A P R T A N D C P I T P A
K T K H A P O И G B E U R F A L
U E A S U A G R E M E K D E L O
L K R P R G D B H T L M D F T
P T S H J L A G U U M E T N I K
T U T M L I F K T P S V F U P S
U R V M D N I F U N O L B A Š A
R A O Z K E J Z Z G L R J N P S
E M J L R L A K V O L O T V Z T
P E R S P E K T I V E K L R K A
I O H K R E A T I V N O S T E V
S T A L A K K L R E S A S P P T
S V C V L S L Y F O Z I Z D L H
```

ARHITEKTURA
OLOVKA
FILM
FOTOGRAFIJA
SLIKARSTVO
UGALJ
KERAMIKE
KREATIVNOST
KREDE
UMETNIK

LAK
REMEK-DELO
PERSPEKTIVE
PORTRET
ŠABLON
SKULPTURE
STALAK
GLINE
VOSAK
SASTAV

19 - Mythologie

```
S  C  S  B  A  F  P  S  L  N  A  E  A  L  B  A
R  M  A  O  C  A  A  V  L  B  E  J  N  U  M  R
S  A  R  E  A  P  B  T  F  M  P  N  E  B  K  H
T  S  T  T  A  O  A  K  R  A  G  E  J  L  S  E
V  E  D  N  N  K  A  T  A  S  T  R  O  F  E  T
A  B  L  I  I  I  F  M  O  T  P  O  R  B  R  I
R  E  T  R  V  K  F  L  N  U  D  V  E  E  O  P
A  N  T  I  A  L  K  M  S  G  J  T  H  S  M  P
N  G  V  V  J  A  B  U  E  J  A  S  S  M  O  O
J  L  E  A  L  P  F  C  L  P  E  N  Y  R  B  N
E  A  N  L  M  U  D  U  Z  T  F  G  B  T  U  A
P  L  Č  N  R  P  V  R  U  N  U  P  N  N  J  Š
P  T  I  E  G  A  N  S  U  P  M  R  Y  O  L  A
L  E  G  E  N  D  A  S  C  H  V  A  A  S  C  N
Z  S  A  H  Č  U  D  O  V  I  Š  T  E  T  V  J
Z  G  M  B  P  O  S  V  E  T  A  Y  Y  L  P  E
```

ARHETIP	KULTURA
MUNJE	LAVIRINT
GRMLJAVINA	LEGENDA
LJUBOMORE	MAGIČNE
HEROJ	ČUDOVIŠTE
NEBESA	OSVETA
KATASTROFE	SNAGE
STVARANJE	SMRTNI
STVORENJE	BESMRTNOST
RATNIK	PONAŠANJE

20 - Restaurant #2

```
D  Z  A  Č  I  N  I  G  C  S  U  P  A  V  F  Z
K  C  P  C  I  B  H  O  V  O  Ć  E  B  O  D  C
J  A  R  E  Č  E  V  B  T  O  R  T  A  D  G  И
J  A  Š  T  P  K  J  H  N  I  L  B  E  A  M  O
A  R  J  I  C  N  A  Z  E  R  R  L  P  F  P  S
A  I  D  A  K  T  N  L  S  A  L  A  T  A  R  T
J  B  T  R  V  A  K  V  И  U  F  A  P  Y  U  O
H  E  B  O  A  L  P  O  P  P  H  P  И  C  Č  L
K  S  K  D  G  V  S  A  Y  H  S  D  M  P  A  I
K  N  A  P  I  T  A  K  A  K  O  P  U  F  K  C
E  L  O  G  B  U  F  Š  Z  A  N  R  S  И  И  A
L  N  L  U  B  J  A  U  И  H  S  A  I  H  K  A
N  A  P  Y  B  Z  S  J  И  G  U  G  O  I  O  N
E  M  Z  L  D  I  Y  L  E  A  K  G  T  B  C  G
R  K  Z  Y  U  J  J  I  E  L  U  L  U  H  B  J
P  A  A  O  L  S  B  V  P  D  P  O  V  R  Ć  E
```

VEČERA	UKUSNO
JAJA	TORTA
LED	KAŠIKA
RIBE	RUČAK
VOĆE	REZANCI
VILJUŠKA	SALATA
POVRĆE	SO
NAPITAK	STOLICA
ZAČINI	SUPA
KELNER	VODA

21 - Ökologie

```
O  V  I  D  И  V  N  P  E  Ž  T  G  R  Z  P  L
N  P  F  И  S  A  A  G  T  N  E  V  E  A  R  B
L  S  S  D  P  N  G  P  Š  P  G  R  S  J  I  R
A  V  M  T  K  I  P  H  I  K  L  S  U  E  R  A
B  U  L  R  A  P  B  P  N  R  G  T  R  D  O  Z
O  G  U  A  E  N  I  N  A  L  P  E  S  N  D  N
L  J  D  E  J  K  A  G  T  C  L  V  E  I  N  O
G  R  C  R  I  H  I  K  S  R  O  M  N  C  O  L
O  O  H  S  C  M  F  L  O  R  E  P  U  E  C  I
B  J  P  P  A  S  O  A  N  R  S  K  A  U  Z  K
A  M  R  N  T  U  U  Č  L  Y  A  A  F  A  U  O
S  E  I  P  E  H  G  Š  V  B  I  L  J  K  E  S
B  F  R  O  G  M  O  T  E  A  M  I  L  K  M  T
B  U  O  K  E  N  P  P  V  V  R  I  A  Y  O  L
И  S  D  K  V  I  Ž  R  D  O  Y  A  M  S  H  S
G  Z  A  R  E  T  N  O  L  O  V  I  K  Z  P  G
```

VRSTE	MORSKIH
PLANINE	ODRŽIV
SUŠE	PRIRODA
FAUNE	PRIRODNO
FLORE	BILJKE
VOLONTERA	RESURSE
ZAJEDNICE	MOČVARA
GLOBALNO	OPSTANAK
KLIMA	VEGETACIJE
STANIŠTE	RAZNOLIKOST

22 - Schokolade

```
Y  Z  D  N  T  U  C  R  H  A  R  P  G  V  U  F
O  A  K  A  K  D  P  И  E  K  R  P  A  H  A  B
H  N  A  T  Y  I  K  I  U  I  O  O  L  Z  C  P
I  A  K  N  C  M  M  B  Z  K  M  D  M  P  O  G
H  T  P  J  T  J  M  K  N  I  I  S  S  E  F  A
K  S  Z  J  E  I  C  F  T  R  L  R  A  K  L  K
P  K  I  P  T  C  O  G  G  I  J  E  S  I  Z  K
Š  I  S  T  I  F  Z  K  I  K  E  C  T  K  M  A
E  N  S  L  L  A  U  G  S  I  N  E  O  C  U  L
Ć  D  P  E  A  N  K  P  O  I  I  P  J  T  K  O
E  Z  P  M  V  T  Z  B  K  Z  D  T  A  R  U  R
R  I  И  A  K  M  K  R  O  E  V  A  K  C  S  I
A  C  V  R  Z  T  L  O  K  N  И  A  N  N  N  J
N  Z  C  A  G  O  R  K  A  J  J  C  J  S  O  A
L  P  S  K  И  L  I  C  A  U  K  U  S  Z  O  A
E  G  Z  O  T  I  Č  N  E  A  V  A  U  H  H  Y
```

ANTIOKSIDANS
AROME
GORKA
KIKIRIKI
EGZOTIČNE
OMILJENI
UKUS
ZANATSKI
KAKAO
KALORIJA

KARAMEL
KOKOS
UKUSNO
PRAH
KVALITET
RECEPT
SLATKO
ŠEĆERA
SASTOJAK

23 - Boote

```
J E D R I L I C A P D O K V U E
R N V Y Z Z K R K A N U A I K N
N C A S A L A T V T K E J A R T
D E L U M O T O R I N E A N O S
B L P И T J A H T E Y P K T J И
J C S F F I D O K L N J A I S M
K A O J P V Č И Z E L A F S F O
K Y R E И P K K G M B P K O S E
R N E B A O J A I Y O T V И P E
D M Z E O R D I S H J R T G B R
A Z E D G L O K E A N F N Z T E
T D J F T M K O N O P A C A D K
И E A N L F P M И V И K K E R E
S U V V И J D O P C L O U S Y N
P O S A D E R O M M K Z D L N S
B O V A O И P S O V M H B D T H
```

SIDRO	MORE
BOVA	MOTOR
POSADE	NAUTIČKIH
DOK	OKEAN
TRAJEKT	JEZERO
SPLAV	MORNAR
REKE	JEDRILICA
KAJAK	KONOPAC
KANU	TALASA
JARBOL	JAHTE

24 - Stadt

```
R E S T O R A N C A S Š S Z L Y
K N J I Ž A R A V E U B K C A K
B O G R E O P J E R P Z A O P D
M I J J E P O I Ć O E O P N L N
F D B T Z L N R A D R O O M K A
T A B L R P A E R R M V C P D E
L T I C I N I L K O A R Y E A A
A S Y B R O K A A M R T O U N M
H O T E L P T G R B K Z N E K U
A P O T E K E E A F E E P E N Z
C H S J H C A M К И T P F T H E
P O Z O R I Š T E E A Z Z Š S J
P N H Z K Z P Z P O K S O I B I
U N I V E R Z I T E T F A Ž P F
B F N N V U G V U G K C Z R U P
P R Z T A Y T И Y P M U И T M I
```

APOTEKE	KLINICI
BANKE	TRŽIŠTE
PEKARA	MUZEJ
BIBLIOTEKE	RESTORAN
CVEĆAR	ŠKOLA
KNJIŽARA	STADION
AERODROM	SUPERMARKETA
GALERIJA	POZORIŠTE
HOTEL	UNIVERZITET
BIOSKOP	ZOO VRT

25 - Aktivitäten

```
B S N O H T R F B K A C B A R R
A T A N A Z A O S E M C O U E I
Š S M A G I J A L R T K M J L B
T O F C O S Y C H A R R A F A O
O N D O B O L S I M P L E S K L
V T D B J F Y K Y I P И J C S O
A E J N E T E L P K T B N T A V
N M S L I K U R N E Z P A P C C
S U O И И K S O L E U V T P I T
T E J I F A R G O T O F I Z J A
V Z I D N H A D V A I A Č Z A A
O V T S J L O V O D A Z I G R E
P L A N I N A R E N J E U G N J
L S L T N A K T I V N O S T R O
H Z I Z E P K A M P O V A N J E
U J F O K K P Š I V E N J E H A
```

AKTIVNOST	UMETNOST
RIBOLOV	ZANATA
KAMPOVANJE	ČITANJE
RELAKSACIJA	MAGIJA
FOTOGRAFIJE	ŠIVENJE
SLOBODNO	IGRE
BAŠTOVANSTVO	PLETENJE
SLIKU	PLES
LOV	ZADOVOLJSTVO
KERAMIKE	PLANINARENJE

26 - Bienen

```
K A E H B P N F G E E T V D P
U R T Z N Y A B L B T H A Z O K
K Č A V I Š A R P O Š Z M U J E
O M P L O E T N F S I J O G G A
R E Z F J O R N K T N L T Y M G
I T S O K I L O N Z A R E N A G
S S V J P C C B O M T F D U U I
T I O O A D I A I G S B V O Ć E
A S S M Y P H E F L J A J F B Z
N O A T S B H B T O J P M M E D
E K K G A M A L I R K K Y M C H
L E K F D C T Š Y A S F E S N Z
O P V N I G L C T N L I Ć V U B
P E M D M Y E F E A S P E M S B
K O Š N I C E A V Z G U V G N M
I N S E K T N B C N P A C S D P
```

OPRAŠIVAČ
KOŠNICE
CVEĆE
CVET
KRILA
VOĆE
BAŠTA
MED
INSEKT
KRALJICA

STANIŠTE
EKOSISTEM
BILJKE
POLEN
DIM
ROJ
SUNCE
RAZNOLIKOST
KORISTAN
VOSAK

27 - Wissenschaftliche Disziplinen

```
Z R P Z P A G E O L O G I J E H
G M I F И O S И L B D V B E J E
M U Y J Z V E T K L H E K J I M
T Y M M I И K M R P J R I G I
A S F I E F I Z S O Y I M G O J
I N B I J H N E G K N G C O L E
O Z A U I E A A S Y P O T L O B
N N E T G U T N J Z O L M O I N
E J I G O L O H I S P O N I B И
И N P J L M B I G K И N Y Z J P
D G R И O L I Y P G E U Y I P E
V J C A K V S J K R G M F F T Y
N J V Y E J I M E H O I B A L M
S O C I O L O G I J E S P E A A
A R H E O L O G I J E E A U P И
L I N G V I S T I K E C A Y M И
```

ANATOMIJE

ARHEOLOGIJE

ASTRONOMIJE

BIOHEMIJE

BIOLOGIJE

BOTANIKE

HEMIJE

GEOLOGIJE

IMUNOLOGIJE

LINGVISTIKE

MEHANIKE

EKOLOGIJE

FIZIOLOGIJE

PSIHOLOGIJE

SOCIOLOGIJE

28 - Vögel

```
N U A F A P N P N V P F T N H J
K O J D F E R A J S I L N P B E
A G P U M L F P D P N A K S U G
R P M У И I G A N M S M D Y H O
C O A И K K G U I S I A O S V
I K D T Z A B A A I V N L N B O
N C E A K N V J P K E G H P Z H
V R A N A A I V T U G O N O P I
L A B U D R C U I K L G F I T R
R C E V H V S U T A O R A O P T
U E L D A A H G S V P K S I C V
I T A K Z G C I R I I P O И T A
B R G G O L U B U C L P V D G G
J A J E H E R O N A E T A O I A
T J N B P M I J K E И L P P J S
J U C V R A P C A P N A U H N M
```

ORAO	PAPAGAJ
JAJE	PELIKAN
PATKA	PAUN
SOVA	PINGVIN
FLAMINGO	GAVRAN
GUSKA	HERON
PILE	LABUD
VRANA	VRAPCA
KUKAVICA	RODA
GALEB	GOLUB

29 - Biologie

```
D V D S M Y A N E G A L O K O A
M E E M J U H N N M F I И O L O
A U M M E A R O A E N E U R O N
S I N A P S E M A T R R B P И D
S S M O B U H R G L O V I A Y O
E M B R I O N O E T M M A F P R
K I A G S Z C H G R P P I E И I
J Z И C P И H R E P T I L J T R
L N E I J Z K V A E K B O I E P
I E A И U E Y P N S U U S C Z T
B R A K M R D H I Y I G M U O И
F O T O S I N T E Z A S O L I A
M U T A C I J E T H G S Z O B V
H R O M O Z O M O H A P E V M P
N И Ć E L I J U R H V N P E I C
C C P K Z I T H P J H A T D S U
```

ANATOMIJE   NEURON
HROMOZOM   OSMOZE
EMBRION   BILJKE
ENZIM   FOTOSINTEZA
EVOLUCIJE   PROTEINA
HORMON   REPTIL
KOLAGENA   SISAR
MUTACIJE   SIMBIOZE
PRIRODNO   SINAPSE
NERVA   ĆELIJU

30 - Elektrizität

```
C C R S Z K V R Y H L O A L И E
D V N A O L A D N T B A O И U L
M C E L E K T R I Č A R M O I E
B A R O P N V E P L K H Z P A K
N R O T A R E N E G D O L L A T
U T I Č N I C A Ž E R M G C F R
T M U H I N I O L P N Ž A G M I
E A H D Č D U G P A O K I G S Č
L G P A I Z M A N R F I N C Y N
E N B G L I C V R E E P И V E I
V E S T O H И V C S L M B U T I
I T И S K L G V P A E O A U K F
Z B A T E R I J E L T N J H E A
I A M E E P O Z I T I V N O J A
J N E G A T I V N E V K Z N B M
A F И S K L A D I Š T E F Z O R
```

OPREMA
BATERIJE
ŽICE
ELEKTRIČAR
ELEKTRIČNI
TELEVIZIJA
GENERATOR
KABL
SKLADIŠTE
LAMPA

LASER
MAGNET
KOLIČINA
NEGATIVNE
MREŽA
OBJEKTE
POZITIVNO
UTIČNICA
TELEFON

31 - Garten

```
T G V C A U C G Z F V B H I I J
R T A Ć E S I V E И T C E A A Z
A P R R Z K K O M M A R P K S M
V G J A A C I R L L P F E A A D
A A G T V Ž K O J P Y I J M R G
P И T Š C N A K A F P E L L E D
U P A A H R J A T I C R B P T P
L U S B T C N A C D R O A B N G
K H T E P B Ć K K J E G R N P Z
L O P A T A O V R D V R G O A B
C A E C S K V A D C O A Y V T S
N G A K S T I V H V F D L Z B O
T R A M P O L I N E E E L И V A
D P T Z T P A J Z T O P P Y P T
J E Z E R U P E P V D J I C C K
E Y N A G J H U N J Y I T P U S
```

KLUPA	TRAVNJAK
DRVO	GRABLJE
CVET	LOPATA
ZEMLJA	CREVO
GRM	JEZERU
GARAŽA	TERASA
BAŠTA	TRAMPOLIN
TRAVA	KOROV
VISEĆA	TREM
VOĆNJAK	OGRADE

32 - Antarktis

```
K M D E T Z K B V M H A I M A R
O I I D A O I И D J L E G I G C
N D G G R A P M И R S И И N A T
T И D N R O Y O N D U M T E D E
I V O D A A K C G Y L U E R S M
N O V E V R C I S R D A K A H P
E O R L O F J I P V A A P L R E
N Č T H R I B I J E B F H A P R
T U S Y T A R U H E I Z I P A A
A V O F E M E R V K S И L J R T
O A U H V O K R U Ž E N J U E U
L N L N A C H R P T I C E R Č R
O J O R E J I C I D E P S K E A
F E P P I S T R A Ž I V A Č L B
И D S E И E J I F A R G O E G T
J S A L H И Z Y C G N A U Č N E
```

BEJ
LED
OČUVANJE
EKSPEDICIJE
ROKI
ISTRAŽIVAČ
GEOGRAFIJE
GLEČERA
POLUOSTRVO
KONTINENT

MIGRACIJE
MINERALA
TEMPERATURA
TOPOGRAFIJE
OKRUŽENJU
PTICE
VODA
VREME
VETROVA
NAUČNE

33 - Fahren

```
L I C E N C U B Z K N C S A O И
K A A Z S A L T S O E I I U P F
Z A F M B P B T F Č S P G T A K
P G M V D S G A S N R N U O S P
G G A I M F L N M I E N R B N P
B P T R O И H I T C Ć Z N U O H
B K N P A N P Z Z E A F O S S T
P E Š A K Ž K R O T O M S H T B
G O R I V O A B U R C M T O K G
Y R A P V V Z P A E R O P И L
L B G K O K O L A J I C I L O P
P R E V O Z A T Y M O N U E U F
S A O B R A Ć A J A P Z E N C B
H C N V K И N Y K E R A Z U S B
C Y U V Y V U N H B E H L T F G
E J A P N H D R F U Z Z U J U A
```

KOLA	LICENCU
KOČNICE	KAMION
GORIVO	MOTOR
AUTOBUS	POLICIJA
PEŠAK	SIGURNOST
GARAŽA	PREVOZ
GAS	TUNEL
OPASNOST	NESREĆA
BRZINA	SAOBRAĆAJA
MAPA	OPREZ

34 - Physik

```
B F M V M M G V T H M H A M R J
S Z O F O E O U D B S P A B E A
K F L Y T N H T S A G Y R И L E
E E E Y A R F A O T P D E T A L
M И K R P A O C N R I J A И T E
N V U R D E R I B I U N D I I K
S V L C M L M T U H K Z E A V T
S S G P И K U S O A H E P I N R
J U E H J U L E E H I P P A O O
U C K Y O N U Č B R Z I N E S N
E K S P E R I M E N T N S F T V
S M J V U P U B R Z A N J E U
A J I C N E V K E R F S H Y N T
M C M A Z I T E N G A M K A И K
T A E F M U N I V E R Z A L N A
O M H V O H M A A G F K A И F L
```

ATOM	BRZINE
UBRZANJE	MAGNETIZAM
HAOS	MASE
HEMIJSKE	MEHANIKE
GUSTINE	MOLEKUL
ELEKTRON	MOTOR
EKSPERIMENT	NUKLEARNE
FORMULU	ČESTICA
FREKVENCIJA	RELATIVNOST
GAS	UNIVERZALNA

35 - Bücher

```
K K A Č I R P N A S I P A N I A
E O J Y T S K E T N O K U A И P
J K L Y S A T P G L C D T V V T
И N B E R P D O I O N H O C B Z
H I Z M K P H K R O B P R J V T
L K H V M C I N V I T N E V N I
G C T A S H И Y P J M F T K V
N A R A T O R J N O T S D R N O
E Z R A R M M Č A T I Č K I J H
H P S H V M J R O M A N G I I U
M T S P O E Z I J E Y N A Z Ž D
L L S K D V O J N O S T D J E J
R S I P E I M R T Z M I H M V E
P S E R I J A R U T N A V A N I
P E S M A A A D S T R A N A E L
Z U E A T R A G I Č N E S A T I
```

AVANTURA
AUTOR
DVOJNOST
EPSKE
INVENTIVNI
NARATOR
PESMA
PRIČA
NAPISAN
ISTORIJSKI

DUHOVIT
KOLEKCIJA
KONTEKST
ČITAČ
KNJIŽEVNE
POEZIJE
ROMAN
STRANA
SERIJA
TRAGIČNE

36 - Menschlicher Körper

```
R  A  J  O  C  E  O  L  E  K  R  S  B  J  И  V
U  U  A  S  O  T  J  T  Z  E  O  O  R  B  Y  R
U  V  O  P  R  B  O  P  Z  Y  A  E  A  P  Y  A
F  N  M  D  R  C  B  A  V  C  T  R  D  N  P  T
V  V  O  D  K  S  E  M  J  E  O  A  A  L  V  A
A  N  Z  Z  G  M  T  T  Z  B  O  A  P  C  P  K
F  L  A  R  P  P  F  M  F  A  N  F  E  L  M  A
N  R  K  I  Z  E  J  L  V  P  P  B  N  R  K  L
P  И  D  L  Y  A  J  N  P  U  S  T  A  F  S  C
Y  K  M  N  N  J  A  A  C  N  O  F  Ž  F  M  T
D  C  A  E  P  L  T  E  A  A  N  N  O  G  U  R
K  K  C  И  K  H  Z  K  H  V  A  J  K  B  R  A
R  H  U  I  V  N  R  S  I  T  A  Y  N  E  H  M
U  M  K  R  V  B  N  Y  J  V  I  L  I  C  E  E
K  S  K  O  Č  N  I  Z  G  L  O  B  G  I  F  D
A  K  O  L  E  N  O  R  K  S  V  E  L  L  P  V
```

NOGU	VILICE
KRV	BRADA
LAKAT	KOLENO
PRST	SKOČNI ZGLOB
MOZAK	GLAVA
LICE	USTA
VRAT	NOS
RUKA	UVO
KOŽA	RAME
SRCE	JEZIK

37 - Agronomie

```
P O L J O P R I V R E D E Y N I
F P M J Z P E L S K I T E R A E
B V P U D S M A R A K I M G U V
Z O I L V N M A A A A G C I K S
A E L E A J I G R E N E B K E T
N D M E U J N E Ž U R K O S C S
T U A L S G N Z A G A Đ E N J A
S R G H J T C D D Y M M J A K R
C J V R P A I P O V R Ć E G Y T
Đ U B R I V A R V V E I J R J T
E K O L O G I J E I Z И I O A M
S I S T E M I Z K Ž Y I Z C J P
N Y V R O U B Z J R N T O U G N
S T U D I J A F L D R G R R S T
R U R A L N I H I O S F E D P G
S И O N G D R O B A L P K H Y N
```

ZEMLJA
ĐUBRIVA
ENERGIJA
EROZIJE
POVRĆE
BOLESTI
POLJOPRIVREDE
RURALNIH
ODRŽIV
ORGANSKI

EKOLOGIJE
BILJKE
PROIZVODNJA
STUDIJA
SISTEMI
OKRUŽENJU
ZAGAĐENJA
RAST
VODA
NAUKE

38 - Landschaften

```
T  P  F  E  P  F  P  R  T  M  O  T  R  D  N  I
E  B  P  J  L  P  R  L  S  U  V  O  Y  B  U  H
И  U  G  B  A  U  G  Y  A  E  N  V  V  F  A  I
D  P  A  A  Ž  S  K  Z  R  N  V  D  T  A  N  H
M  O  R  E  A  T  J  N  A  A  I  И  R  G  I  H
Y  Y  G  V  P  I  R  K  V  K  N  N  G  E  Y  F
U  D  E  L  O  N  E  K  Č  L  I  P  E  R  V  D
B  R  D  O  B  J  K  C  O  U  L  U  N  B  O  Z
S  V  E  V  P  I  E  E  M  V  O  B  I  G  D  B
K  M  J  Č  U  Z  T  Z  O  I  D  Z  Ć  O  O  L
G  T  K  K  E  N  S  J  K  L  G  И  E  N  P  V
И  F  G  T  E  L  M  B  U  A  R  H  P  E  A  P
O  A  Z  E  R  A  G  R  I  Z  J  E  G  D  D  И
P  O  L  U  O  S  T  R  V  O  R  E  Z  E  J  E
M  A  P  O  S  T  R  V  O  R  U  C  J  L  T  P
U  D  E  K  Y  C  M  H  U  E  V  B  F  G  T  F
```

PLANINE	MORE
LEDENOG BREGA	OAZE
REKE	JEZERO
GEJZIR	PLAŽA
GLEČER	MOČVARA
ZALIV	DOLINI
POLUOSTRVO	TUNDRE
PEĆINE	VULKAN
BRDO	VODOPAD
OSTRVO	PUSTINJI

39 - Abenteuer

```
N И N Z P C I V P Š O P H A L P
S S A V O N R A E A A R R K E U
И V V V L N O A P N Y I A T P U
И D I D D E Č T K S F R B I O P
H D G A I L C I E A S O R V T C
Y M A R G O R P B Š O D O N A P
R D C O P A S A N O K A S O Y R
A R I T A P F E P P E O T S P I
H E J I Z R U K S K E N Ć T U P
E Ć U J U Đ A N E N Z I L E T R
E N T U Z I J A Z A M A K S U E
S I G U R N O S T Z O L R N J M
P R I J A T E L J I L I V C E A
O D R E D I Š T E A L S J Y C P
C R O H Y V B U T M S E И H J T
R A D O S T Z R F Z M F O T C C
```

AKTIVNOST	PUTUJE
EKSKURZIJE	PROGRAM
ENTUZIJAZAM	LEPOTA
ŠANSA	TEŠKOĆE
RADOST	SIGURNOST
PRIJATELJI	HRABROST
OPASAN	NEOBIČNO
PRIRODA	IZNENAĐUJUĆE
NAVIGACIJU	PRIPREMA
NOVA	ODREDIŠTE

40 - Flugzeuge

```
V E J N A T E R K R P N K U V I
R T P E S И C L P T O D O P A T
S A N B R F A K U T S M N R Z U
A Y A O G O K N T J A O S O D R
V P J V U И A H N H D T T P U B
C E A I R R A F I B E O R E H U
D Z R R T A Y H K T И R U L K L
E S D O D I Z A J N R O K E A E
I И D G I S T O R I J A C R E N
A V A N T U R A B S V P I A H C
A T M O S F E R A A I S J N J I
V O D O N I K U M V L L A A L J
B L V I S I N A A V R O A E P E
U I B I E S Z M И C L E N Z Z I
S P N A M G M M E M U V M И A B
N Z I S R R I O Z Z J A E E J K
```

AVANTURA	KONSTRUKCIJA
SILAZAK	VAZDUH
ATMOSFERA	MOTOR
BALON	KRETANJE
GORIVO	PUTNIK
POSADE	PILOT
DIZAJN	PROPELERA
ISTORIJA	TURBULENCIJE
NEBO	VODONIK
VISINA	VREME

41 - Haartypen

```
F  P  J  H  S  M  I  P  R  S  O  Z  H  M  Ć  J
M  L  L  P  I  I  E  N  E  J  O  B  O  C  E  P
И  P  O  I  M  N  V  O  R  T  R  V  A  R  L  L
K  N  L  N  L  E  Y  A  T  Z  B  E  R  N  A  E
U  O  R  K  A  T  A  R  K  F  E  D  Y  A  V  T
S  O  V  T  I  E  T  B  Z  D  R  A  V  И  H  E
I  K  U  R  V  L  S  V  N  L  S  Z  C  K  P  N
O  P  P  S  D  P  A  F  K  P  P  N  Y  Y  T  I
H  R  J  V  E  Ž  S  A  P  L  A  V  A  И  N  C
L  M  P  O  M  И  A  D  U  G  O  T  I  И  A  E
O  E  J  D  Z  A  L  V  G  J  P  N  A  C  M  G
K  K  Z  N  I  V  A  G  A  B  P  N  P  N  И  U
N  A  C  K  S  I  T  Z  Y  E  H  A  A  G  A  R
E  I  Y  A  U  L  S  U  Y  O  S  U  R  O  G  K
И  H  E  D  V  T  V  B  P  G  N  A  M  G  G  J
R  U  L  M  A  N  I  H  D  E  B  E  O  Z  G  N
```

PLAVA	DUGO
BRAON	LOKNE
DEBEO	KOVRDŽAVA
TANAK	CRNA
OBOJENE	SREBRO
PLETENI	SUVA
ZDRAV	MEKA
SIVA	BEO
ĆELAV	TALASASTA
KRATAK	PLETENICE

42 - Essen #1

```
B D P K I N E Y Z N F P A K Z R
E K Š U R K U L S Z A I A S Z G
L I Z T P P E A A U R K И B D T
I K I R I K I K I Š E S H G R A
L J C K D C M N S A Ć A N A P S
U D A S E M L B A R E N P N H Y
K L P G K Z E K N G Š U L U A И
T R E Z O N K K S A T T R M S H
J V R O S D A M J R H L И I T O
H M V T F J A A Y E A T A L A S
C I M E T V F M K P G И L O A L
A R L A J D A F K A J L I S O B
E S J C Z Z K F A V I F U D A U
I O V I C J N Z G A M H H K S T
E G J D R A N P D L K E F C L S
L S P M H O Y P N F C C V D P P
```

BOSILJAK   SOK
KRUŠKE   SALATA
JAGODA   SO
KIKIRIKI   SPANAĆ
MESA   SUPA
KAFA   TUNA
ŠARGAREPA   CIMET
BELI LUK   LIMUN
MLEKA   ŠEĆERA
REPA   LUK

43 - Ethik

```
V S A J N D A R A S U D P F L N
Č R I K T S O N L A N O I C A R
S O E D K F N A N O I S P O D F
A N V D D K K E A S S T O P I D
D M U E N P M F D E K O Š T P M
A U A J Č O E J D Ć R J T I L F
S N I A A S F F A E A O M O I
R A A C Y D N T L N N N V I M L
R R M N K R A S I J O S A Z A O
L H Z A F B M Y T E S T N A T Z
Z S I R A O A G N V T V J M S O
P J U E A D A M R M O O A L K F
N A R L L J U B A Z N O S T E I
P M T O S T R P L J E N J A B J
L P L T E T I R G E T N I T N E
R E A L I Z M A M U D R O S T D
```

ALTRUIZMA	RACIONALNOST
DIPLOMATSKE	REALIZMA
ISKRENOST	POŠTOVANJA
LJUBAZNOST	TOLERANCIJE
STRPLJENJA	RAZUMNO
INTEGRITET	MUDROST
ČOVEČANSTVO	VREDNOSTI
SAOSEĆANJE	DOSTOJANSTVO
OPTIMIZAM	SARADNJA
FILOZOFIJE	

44 - Gebäude

```
S B U N I V E R Z I T E T T L J
T A O D Z P P F D M A E E N A E
A Ž M L E E T Š I R O Z O P B A
D A P B N K R K V A A E Š O O E
I R H U A I H Y U F K G K K R J
O A F A L R C M U Z E J O S A I
N G U M B I A F D K C L O T R
S F C K K A Š A T O R K A I O O
G U I B U F T B V F C J N B R T
K S U L K N B N Y T Y A F T I A
H O T E L A U D F Y B V M J J V
P P V T A D B M A A A B O Y A R
Y Y D S P P I A M B A S A D E
D Z Y O A I D P N A N A M U B S
L R A H S U I D V E S N P K M P
S U P E R M A R K E T A U H N O
```

FARMI	MUZEJ
AMBASADE	OPSERVATORIJE
FABRIKE	AMBAR
GARAŽA	ŠKOLA
HOSTEL	STADION
HOTEL	SUPERMARKETA
KABINE	POZORIŠTE
BIOSKOP	KULA
BOLNICA	UNIVERZITET
LABORATORIJA	ŠATOR

45 - Mode

S	U	N	E	E	N	Č	I	T	K	A	R	P	K	O	C
H	T	G	R	I	Z	E	P	К	И	I	R	S	A	D	P
F	O	I	T	G	N	P	O	A	B	U	T	I	K	E	O
G	E	E	L	И	K	E	B	N	P	E	И	R	I	Ć	A
T	R	E	N	D	A	R	R	I	U	N	J	S	I	U	I
R	N	A	B	O	D	U	A	N	R	L	P	M	R	M	V
J	A	S	R	N	P	T	Z	A	A	A	M	K	A	T	H
N	V	I	J	N	B	S	A	D	T	N	V	B	Y	U	I
R	A	B	G	D	B	K	C	I	U	I	G	V	H	K	F
M	T	M	O	A	B	E	B	I	P	G	V	E	Z	Z	H
P	S	A	O	B	B	T	I	F	P	I	M	И	J	N	F
M	O	D	E	R	A	N	L	B	A	R	P	A	D	И	Z
M	N	И	K	D	K	И	V	K	K	O	H	I	D	V	A
R	D	O	P	U	K	S	E	L	E	G	A	N	T	A	N
A	E	M	I	N	J	L	O	V	O	P	G	J	Y	N	E
A	J	A	Č	Z	M	I	N	I	M	A	L	I	S	T	A

SKROMAN
BUTIK
JEDNOSTAVAN
ELEGANTAN
POVOLJNIM
ODEĆU
UDOBAN
MINIMALISTA
MODERAN
OBRAZAC

ORIGINALNE
PRAKTIČNE
ČIPKE
VEZ
STIL
TKANINA
DUGMAD
SKUPO
TEKSTURE
TREND

46 - Angeln

```
S  G  C  Z  B  I  T  N  N  A  И  D  P  И  K  A
T  O  R  M  V  H  H  D  R  D  C  K  R  И  U  K
C  E  L  D  O  Ž  A  D  A  N  O  Z  E  S  K  O
T  U  Ž  R  D  I  R  D  V  T  V  Y  T  A  A  R
S  T  K  I  A  C  C  E  U  G  I  Z  E  T  M  P
И  T  H  P  N  E  U  O  K  A  L  P  R  B  E  I
D  M  R  F  J  A  G  Š  R  E  I  B  I  P  R  U
A  R  K  P  L  T  S  K  P  A  C  F  V  T  P  S
J  O  K  N  L  V  L  R  Y  N  E  Z  A  T  O  S
O  K  E  A  N  J  G  G  T  T  E  P  N  U  S  E
J  J  V  M  F  V  E  E  E  L  F  L  J  A  U  Z
M  A  M  A  C  P  D  N  N  J  S  C  A  M  A  Č
P  E  R  A  J  A  L  N  J  T  B  P  Ž  J  G  U
H  A  E  D  Y  D  U  S  D  A  Y  N  A  Y  S  K
U  A  V  D  L  J  C  D  E  Y  K  T  L  V  T  P
J  E  Z  E  R  O  H  K  F  U  K  M  P  R  I  T
```

OPREMA	ŠKRGE
ČAMAC	KUVAR
ŽICE	KORPI
PERAJA	MAMAC
REKE	OKEAN
STRPLJENJA	JEZERO
TEŽINA	PLAŽA
KUKA	PRETERIVANJA
SEZONA	VODA
VILICE	

47 - Essen #2

```
H  P  H  Č  D  N  F  B  L  P  A  P  F  K  M  H
B  A  A  K  O  S  A  N  A  Ž  D  I  L  T  A  P
A  M  S  R  L  K  Y  K  K  R  I  B  E  K  V  B
O  V  M  P  A  A  O  Š  U  N  K  A  L  Y  I  Z
S  I  D  N  A  D  A  L  B  M  J  L  Z  H  J  Z
И  Š  N  O  P  R  A  Y  A  E  J  A  J  O  L  L
L  N  F  N  P  E  A  J  J  D  L  B  A  I  G  P
F  J  G  G  R  K  S  G  Z  A  A  Z  P  T  H  R
J  E  I  I  H  O  N  Z  U  B  F  N  Z  R  M  D
U  I  L  P  D  Č  C  S  M  S  A  A  U  B  G  K
T  D  O  E  C  I  N  E  Š  P  Y  Y  M  A  O  M
H  I  K  L  E  T  H  E  U  Z  U  V  P  N  K  Z
C  J  O  G  U  R  T  O  H  A  R  O  C  A  R  O
P  I  R  I  N  A  Č  A  L  S  I  R  T  N  И  F
F  K  B  U  L  B  И  R  E  L  E  C  И  E  S  V
Z  Z  I  U  Z  O  K  F  B  G  C  B  G  T  O  H
```

JABUKA	VIŠNJE
ARTIČOKE	BADEM
PATLIDŽAN	GLJIVA
BANANE	PIRINAČ
BROKOLI	ŠUNKA
HLEB	ČOKOLADA
JAJE	CELER
RIBE	ASPARAGUS
JOGURT	PARADAJZ
SIR	PŠENICE

48 - Energie

```
T  C  U  G  F  A  S  J  E  V  И  D  L  T  M  E
L  S  G  O  Z  O  J  C  T  M  B  U  D  R  G  N
A  N  L  R  A  P  T  V  E  T  A  R  K  E  N  T
P  F  J  I  G  G  B  O  M  O  T  O  R  F  F  R
R  V  E  V  A  U  K  I  N  O  D  O  V  R  Y  O
V  J  N  O  Đ  E  L  E  K  T  R  O  N  H  V  P
B  C  I  И  E  V  I  J  L  V  O  N  B  O  T  I
D  E  K  N  N  O  K  R  U  Ž  E  N  J  U  J
I  P  N  A  J  I  R  T  S  U  D  N  I  B  T  E
Z  T  Z  Z  A  Z  R  A  F  B  V  A  T  K  U  J
E  P  U  D  I  S  C  E  E  F  H  L  P  S  R  I
L  B  J  И  D  N  Z  O  D  L  E  O  P  U  B  R
T  O  P  L  O  T  E  O  И  Z  K  G  S  N  I  E
O  E  L  E  K  T  R  I  Č  N  I  U  I  C  N  T
I  A  I  S  V  G  E  Z  E  F  Z  J  N  E  U  A
M  I  S  G  A  A  U  D  H  P  R  Y  F  C  U  B
```

BATERIJE	UGLJENIK
BENZIN	MOTOR
GORIVO	NUKLEARNE
DIZEL	FOTON
ELEKTRIČNI	SUNCE
ELEKTRON	TURBINU
ENTROPIJE	OKRUŽENJU
OBNOVLJIVE	ZAGAĐENJA
TOPLOTE	VODONIK
INDUSTRIJA	VETAR

49 - Familie

```
N  E  Ć  A  K  I  N  J  A  N  P  O  P  E  K  Z
E  K  S  N  I  Č  J  A  M  T  P  A  T  E  K  D
T  S  S  E  S  T  R  A  N  L  E  N  B  M  G  D
C  N  A  V  F  U  L  A  G  S  Y  E  P  B  И  K
M  I  V  T  N  D  E  T  I  N  J  S  T  V  A  L
S  Č  K  O  B  E  T  A  T  Y  K  D  I  D  D  A
L  O  U  N  U  K  O  R  S  Ž  R  P  S  E  E  M
H  L  J  A  P  H  Z  B  B  U  S  R  M  T  D  R
I  K  R  I  K  K  J  F  F  M  P  U  B  E  M  G
E  K  L  G  A  R  C  R  H  M  J  R  J  T  K  H
O  G  V  P  D  O  E  O  F  A  I  B  U  A  A  F
J  M  P  B  E  Đ  G  Ć  H  R  И  U  N  G  K  D
A  A  N  T  R  A  K  T  E  T  O  T  A  C  A  M
C  J  N  F  P  K  A  Ć  E  N  I  R  I  P  B  P
T  K  N  N  R  Y  E  Z  A  B  V  A  U  D  G  A
I  A  G  P  R  D  Y  P  H  K  L  И  V  A  A  И
```

BRAT	NEĆAK
SUPRUGA	NEĆAKINJA
MUŽ	UJAK
UNUK	SESTRA
BAKA	TETKA
DEDA	ĆERKA
DETE	OTAC
DETINJSTVA	OČINSKE
MAJKA	ROĐAK
MAJČINSKE	PREDAK

50 - Pflanzen

```
L  B  M  H  Z  G  C  K  Y  B  H  M  P  C  S  S
C  I  A  E  И  A  M  Z  S  F  L  J  S  S  P  N
P  R  Š  E  Y  P  L  Z  M  G  L  P  P  G  F  V
V  R  T  Ć  T  Y  E  M  N  F  S  O  S  N  H  N
T  E  A  T  E  A  N  B  R  F  U  A  J  R  Y  E
И  B  G  U  V  F  E  P  O  Y  B  P  M  K  U  C
I  R  G  E  C  G  P  A  K  T  M  D  R  V  O  V
A  E  S  U  T  K  A  K  T  O  A  T  G  F  R  Z
O  H  D  A  N  A  J  L  Š  R  B  N  M  E  V  D
P  U  V  C  R  N  C  B  G  E  M  Y  I  P  O  F
Z  M  Y  I  E  I  M  I  T  R  A  V  A  K  S  Z
B  A  Š  T  A  V  D  C  J  L  U  S  A  P  E  J
P  D  P  A  T  O  N  O  V  E  U  B  Z  Y  R  A
J  J  R  L  V  H  K  O  R  E  N  P  M  G  O  H
T  U  A  M  N  A  M  U  Š  I  B  C  M  K  L  P
R  И  P  M  Z  M  Đ  U  B  R  I  V  A  I  F  R
```

BAMBUS	FLORE
DRVO	BAŠTA
BERRI	TRAVA
CVET	KAKTUS
LATICA	HERB
PASULJ	LIŠĆE
BOTANIKE	MAHOVINA
GRM	VEGETACIJE
ĐUBRIVA	ŠUMA
BRŠLJAN	KOREN

51 - Kunst

```
Z  C  D  Y  S  T  V  O  R  I  T  I  N  N  V  S
N  Y  E  Y  K  N  U  P  S  C  N  J  A  F  I  I
Z  M  L  T  E  R  T  R  O  P  N  Č  S  D  Z  M
P  S  O  S  L  P  O  E  Z  I  J  E  I  L  U  B
E  R  U  T  P  L  U  K  S  U  S  P  R  L  E  O
P  O  U  C  M  F  P  I  R  E  N  J  I  K  L  L
B  H  A  O  O  J  И  L  E  N  Y  E  P  E  N  U
V  И  L  O  K  D  L  S  R  J  G  D  S  R  I  R
O  R  I  G  I  N  A  L  N  E  B  T  N  A  L  P
I  N  A  D  R  E  A  L  I  Z  A  M  I  M  A  I
Z  Z  J  P  M  R  M  M  P  P  P  U  U  I  Y  J
H  M  R  C  H  K  D  V  E  P  V  Z  T  Č  C  A
A  L  F  A  T  S  N  Y  D  T  E  И  M  K  U  R
Z  P  И  P  Z  I  S  A  S  T  A  V  B  E  И  A
R  A  S  P  O  L  O  Ž  E  N  J  E  И  B  A  C
J  E  D  N  O  S  T  A  V  A  N  P  D  C  E  P
```

IZRAZ
ISKREN
JEDNOSTAVAN
TEMA
SLIKE
INSPIRISAN
KERAMIČKE
KOMPLEKS
ORIGINALNE
LIČNI

POEZIJE
PORTRET
STVORITI
SKULPTURE
RASPOLOŽENJE
NADREALIZAM
SIMBOL
VIZUELNI
SASTAV

52 - Gewürze

```
K K T T V Đ U M B I R E B I B G
D U O E N A И D Š R V G K N И O
B P C M Y T U J A A R J T A D R
E N M I O A G U F K U J T O M K
L V M C D R P N R V S O V G V A
I A K I R P A P A G V C Y G O S
L K V U J H L Č N O A N I S A L
U I A T M D A V A Z Y A O A R A
K S N O Ć I L I F N A R A K P D
P E I Z U V N R N U R N M F Y I
J L L Z J K L U K J P P S И H Ć
И O E V D I U V D И M N Y D D E
S L A T K O P S N И J E C V T K
A C Y I F Z T R B Y D G J T C И
K A R D A M O M K M L И V A J T
N A S L A P B I C F H P F A J I
```

ANISA	KARANFILIĆ
GORKA	PAPRIKA
KARI	BIBER
KOMORAČ	ŠAFRAN
UKUS	SO
ĐUMBIR	KISELO
KARDAMOM	SLATKO
BELI LUK	VANILE
KUMIN	CIMET
SLADIĆE	LUK

53 - Kreativität

```
I  I  U  D  A  K  T  S  O  N  L  A  T  I  V  F
N  N  I  Z  R  A  Z  E  J  I  Z  I  V  H  V  N
V  S  F  H  E  S  R  N  Ć  L  C  V  P  F  E  G
E  P  C  T  D  I  J  Z  B  O  V  P  D  S  Š  T
N  I  D  E  E  T  Š  A  M  K  N  C  C  I  T  S
T  R  H  T  K  U  P  C  Y  Z  A  S  H  F  I  O
I  A  K  I  L  S  N  I  P  P  R  И  A  F  N  N
V  C  O  Z  K  И  I  J  E  O  P  J  O  J  A  Č
N  I  S  N  R  И  L  A  S  P  O  N  T  A  N  I
I  J  E  E  U  M  E  T  N  I  Č  K  E  C  M  T
A  A  Ć  T  J  D  R  A  M  A  T  I  Č  A  N  N
D  T  A  N  F  E  J  A  D  G  E  G  Y  D  Y  E
P  Y  N  I  B  M  D  K  T  S  G  G  E  L  G  T
Z  И  J  F  L  B  T  I  P  U  U  H  K  T  B  U
P  Z  A  I  N  T  U  I  C  I  J  U  V  I  G  A
O  N  C  P  A  R  D  V  H  R  R  U  P  O  L  I
```

IZRAZ
AUTENTIČNOST
SLIKA
DRAMATIČAN
UTISAK
INVENTIVNI
VEŠTINA
OSEĆANJA
IDEJE
INSPIRACIJA

INTENZITET
INTUICIJU
JASNOĆE
UMETNIČKE
MAŠTE
SENZACIJA
SPONTANI
VIZIJE
VITALNOST

54 - Geschäft

```
P  M  P  E  K  O  N  O  M  I  J  E  D  L  I  T
E  O  K  O  S  N  R  G  R  Z  Z  A  A  И  P  R
K  K  P  Z  R  E  J  B  Y  V  Y  G  O  J  A  A
Z  A  A  U  Z  E  M  E  N  A  D  Ž  E  R  R  N
R  C  N  R  S  E  Z  S  K  I  O  U  P  Z  B  S
F  V  G  C  M  T  C  I  P  B  P  C  И  F  U  A
A  A  L  A  E  U  O  A  U  F  J  O  H  C  D  K
B  D  Y  V  N  L  P  G  P  K  A  R  U  C  Ž  C
R  O  N  O  H  A  A  R  E  J  I  R  A  K  E  I
I  L  P  N  H  V  K  R  Y  P  B  J  J  F  T  J
K  S  R  R  O  G  K  N  I  G  N  A  A  O  R  E
E  O  I  A  K  Š  O  R  T  J  F  L  D  D  Y  E
Y  P  H  D  D  O  B  I  T  R  E  B  O  R  S  D
U  G  O  N  E  L  S  O  P  A  Z  H  R  T  M  T
G  A  D  J  D  P  U  N  T  C  I  A  P  Z  L  I
H  A  M  U  I  N  V  E  S  T  I  C  I  J  A  J
```

POSLODAVCA	TROŠKA
BUDŽET	MENADŽER
KANCELARIJE	ZAPOSLENOG
PRIHOD	POPUST
FABRIKE	POREZ
NOVAC	TRANSAKCIJE
RADNJU	PRODAJA
DOBIT	ROBE
INVESTICIJA	VALUTE
KARIJERA	EKONOMIJE

55 - Ingenieurwesen

```
A Y Y K I E G U L O P N Y D K D
D U B I N A N L E P A P R D C I
M M N N D D E G A N S S I J J
V B T Č F Z Z Z R B A Z M S M A
Y O L E A R Z I M G K D B T A G
F K A R J E R D J D I V B R Š R
L D Z P I D H L I G N J F I I A
M A E J C I R Y G N A T A B N M
S T R U K T U R A U Č U Y U A M
C A R L U K P G M Č P A D C V E
B Y A O R P A G K A U D J I И C
A G I P T P Z L И R Z M A J O S
C D A T S O N L I B A T S A B Y
P H G K N A M V G O N Č E T B И
R I Z Y O G A A A Z S P O G O N
E A A Y K U P B E J N E R E M U
```

OSE
POGON
OBRAČUN
DIJAGRAM
DIZEL
PREČNIK
ENERGIJA
TEČNOG
ZUPČANIKA
POLUGE

KONSTRUKCIJA
MAŠINA
MERENJE
MOTOR
STABILNOST
SNAGE
STRUKTURA
DUBINA
DISTRIBUCIJA
UGAO

56 - Kaffee

```
B Z H O O G R S P P P U V Y P Š
G A N P P N O B F P O R T U J E
C V U I N L H И V J И R R S Y Ć
J P J K P E U D A B G A E U R E
C E D N L F A F R E T P J K P R
G M T P L И A R K V T H L U L A
A O P V Y V A D C B T I E U C A
I R R D D И U E J A И M K R N
U A S K T V H A T T L H E I P R
A U S J A N E C I N И H R S U C
C G R И N P J B Č J A V K E P H
N E D H T E L E I B D P T L И H
K O F E I N O C L Z O Z I E M P
C E P O H A Š A Z G V M J T G R
T E Č N O G P R A K E L M C A G
G O M F I L T E R P D I B H P K
```

AROME
GORKA
KREM
FILTER
TEČNOG
UKUS
NAPITAK
KOFEIN
MELJE
MLEKA

JUTRO
CENA
KISELE
CRNA
ŠOLJE
POREKLA
RAZLIČITE
VODA
ŠEĆERA

57 - Gemüse

```
B E R U Đ G P L S V P Y T H M T
R Z V J D U P P J C P H N T D P
O C V J Y R M G O C A V I J L G
K P H P I B M B H Y R E Z S И F
O L U K A P E R I F T B K A Y Z
L И A G T R C I И R I E И P Y Y
I P V R A I A V M D Č H U E H B
L M K B L P V D N L O I F R A K
Y E Y S A M A Y A N K P G A N U
N V I Z S O T J Ž J E B G G I L
C E L E R R S B D D Z R P R L I
O D U J E K A U I A P P V A S L
Y N K C R P R V L H P U N Š A E
L U L D P S K V T A A F U A M B
O B P E R Š U N A K Š A R G A M
N S G G Ć A N A P S V V P P A
```

ARTIČOKE	BUNDEVE
PATLIDŽAN	MASLINA
KARFIOL	PERŠUN
BROKOLI	GLJIVA
GRAŠKA	REPA
KRASTAVAC	SALATA
ĐUMBIR	CELER
ŠARGAREPA	SPANAĆ
KROMPIR	PARADAJZ
BELI LUK	LUK

58 - Schönheit

```
D L V И Z Y A P Y L J E M M U P
R M O L A D E L G O O L A K Z R
R V I K K M B B U L G E I P A O
S U I H N C A J O B G G F A G I
E V Ž I O E T K N V L A O K J Z
L A G S P M S P A K T N T O H V
H P L S M S I G K Z B C O Ž O O
H M A P A J L U I E E I G A N D
Z L T T Š E I V T L G J E R P I
И M K G Z R T И E E U U N J A P
R V A K U G S O M G L S I N M P
R S Y R A J I J Z A S G И H C A
G A S P Z P R E O N U G A E L P
E A M I J N I T K T T K N A N G
G И B E И Y M O И A Š A R M A G
M A S K A R A A M N R Y D V Y H
```

GREJS   KOZMETIKA
ŠARM   RUŽ
USLUGE   LOKNE
MIRIS   ULJA
ELEGANTAN   PROIZVODI
ELEGANCIJU   MAKAZE
BOJA   ŠAMPON
FOTOGENIИAN   OGLEDALO
GLATKA   STILISTA
KOŽA   MASKARA

59 - Tanzen

```
B S N C D И K F M M R Z S Y Y T
B S Z N P N O L E T I M F T V D
A E C K V R R A B Z T P F J A V
F N A F I U E U K D A И L N K V
C Č Z O Z J O O O A M A P A I J
A I H A U E G G O A D B P I Z C
P S P F E Z R K U P R E L L U C
Z A U P L F A U Z P A I M F M P
H L R O N G F L B A D M P I M U
L K I T I R I T F T O R J E J E
F F U Y N D J U E I S J E R G E
R U D T Z E A R K R N P R O B E
P O K R E T R A T S O N T E M U
R B I Z R A Ž A J A N F T Z V J
E M O C I J A E K U L T U R N I
T R A D I C I O N A L N I I P G
```

AKADEMIJE
GREJS
IZRAŽAJAN
POKRET
KOREOGRAFIJA
EMOCIJA
RADOSNO
STAV
KLASIČNE
TELO

KULTURA
KULTURNI
UMETNOST
MUZIKA
PARTNER
PROBE
RITAM
TRADICIONALNI
VIZUELNI

60 - Ernährung

```
U И B P T F K G S S K U O D H A
R K F S E E K I A C A K R O G P
S F U Z Y K Ž Z R N L B B V E E
E J M S O S И I A I O A B I K T
K V A L I T E T N M R И N T I I
G A M O B T H T L A I N E S E T
U R A N И I S I G T J I Ž E C K
D D R U L I U O U I A T E J I D
E Z S C S Z B F N V N S T И R A
O V A R E N J E S Č I И O V A A
Z P T P O A G И L O E B N O T V
N Y P I T P M A P G T T V A I H
L L P I R E I N L S O A A D Ž G
I P F L O Z H I K N R A R P J H
P E J L V A R D Z F P G U A И O
F E R M E N T A C I J E P Z T L
```

APETIT	ŽITARICE
URAVNOTEŽEN	TEŽINA
GORKA	KALORIJA
DIJETA	DEO
JESTIVO	PROTEINA
FERMENTACIJE	KVALITET
TEČNOSTI	SOS
UKUS	OTROV
ZDRAV	VARENJE
ZDRAVLJE	VITAMIN

61 - Länder #1

```
E  A  N  I  E  T  B  V  N  J  S  E  A  U  C  F
V  G  V  N  R  M  R  E  V  O  B  R  L  S  B  I
L  K  I  N  U  V  A  N  I  E  R  A  A  D  M  N
P  E  H  P  I  A  Z  E  Z  I  U  V  G  B  A  S
O  Ž  T  K  A  A  I  C  R  T  O  V  E  O  L  K
L  D  N  O  J  T  L  U  A  A  G  A  N  Š  I  A
J  O  E  P  N  H  Z  E  E  L  V  H  E  A  K  H
S  B  M  E  U  I  A  L  L  I  S  G  S  D  A  A
K  M  A  F  V  Z  J  A  S  J  P  A  E  A  R  V
A  A  Č  O  G  E  I  A  B  A  J  I  D  N  I  G
G  K  K  Y  D  T  N  Š  P  A  N  I  J  A  L  A
T  V  A  N  I  P  U  V  H  O  D  O  U  K  Z  R
M  G  L  A  L  R  M  A  N  T  E  J  I  V  S  A
Z  T  C  T  S  F  U  A  F  N  J  M  Y  H  T  K
O  U  O  Z  I  D  R  L  M  O  G  U  O  Y  Y  I
A  Y  G  T  E  J  L  R  M  K  Y  P  A  E  G  N
```

EGIPAT	LETONIJA
BRAZIL	MALI
NEMAČKA	NIKARAGVA
FINSKA	NORVEŠKA
INDIJA	POLJSKA
IRAK	RUMUNIJA
IZRAEL	SENEGAL
ITALIJA	ŠPANIJA
KAMBODŽE	VENECUELA
KANADA	VIJETNAM

62 - Wasser

```
I O R E Z E J N U C H M H L I H
S S K P L И F G N O T A M H O Z
L D P E K T I P R S A D A A Z D
S P E A A M P O J V T K T P U И
F T O H R N T C T U Š L V O B A
N N I H Z A A B E И S H Y P L P
V L A G E G V N Y Y H B V L U N
J H C E K A L A N A K F V A U H
И M N N E R A P N P R U J V N T
N J R S R U Y L U J G N C A Y A
N F I A K P N L S A A A A Y C C
J P Z T Z M И E N Ž A L V G A K
Y J J И P A C D O T A L A S A D
J U E G K A B P M H L E D Y D O
A R G H B E U И M L U A N F A L
N A V O D N J A V A N J E Š I K
```

NAVODNJAVANJE	URAGAN
PARE	KANAL
TUŠ	MONSUN
LED	OKEANA
VLAŽNE	KIŠE
VLAGE	SNEG
REKE	JEZERO
POPLAVA	PITKE
MRAZ	ISPARAVANJA
GEJZIR	TALASA

63 - Science Fiction

```
E  K  S  P  L  O  Z  I  J  E  Y  A  G  P  M  E
J  F  M  N  I  U  T  O  P  I  J  E  A  A  L  E
I  U  E  E  N  M  E  R  T  S  K  E  L  P  Z  Y
Z  T  N  V  O  M  A  Z  G  V  N  N  A  P  A  R
U  U  E  T  Y  D  G  G  R  M  M  S  K  T  T  P
L  R  F  S  T  E  V  A  I  L  M  V  S  C  T  K
I  I  A  N  N  E  J  I  P  N  R  E  I  A  E  N
G  S  N  A  A  T  O  B  O  R  A  T  J  J  H  J
N  T  T  J  J  Š  S  P  P  O  R  A  A  N  I
Y  I  A  A  I  I  Z  C  L  A  R  Y  N  Z  O  G
G  Č  S  T  P  Č  J  K  E  A  T  I  O  E  L  E
E  K  T  A  O  O  I  H  V  N  N  Z  K  H  O  E
A  I  I  A  T  R  A  Ž  O  P  A  E  И  L  G  P
P  K  Č  O  S  O  S  P  P  И  K  R  T  A  I  L
E  U  A  I  I  R  E  A  L  N  O  A  I  E  J  U
P  I  N  S  D  P  B  I  O  S  K  O  P  O  A  A
```

KNJIGE	IMAGINARNE
DISTOPIJA	BIOSKOP
EKSPLOZIJE	PROROČIŠTE
EKSTREMNE	PLANETE
FANTASTIČAN	REALNO
POŽAR	ROBOTA
FUTURISTIČKI	SCENARIO
GALAKSIJA	TEHNOLOGIJA
TAJANSTVEN	UTOPIJE
ILUZIJE	SVET

64 - Literatur

```
R V J U M R U H F I K C I J A P
E I R R E J I D E G A R T A T O
C D C I T E H J M J U E G F O R
A U F M A N K F H R T V A B D E
R U H E F B B Č G F O D И N G Đ
N P V G O L A J I D R C E D E E
A C N V R I J D A N E I Y I N N
N Z R D A T I R J U S I P O A J
A И P O M S G T И R E T H V E
L M N C E L O F F L E L P K L P
I C S T T K L Z A K L J U Č A K
Z O A E M I A M R R O T A R A N
A C U T P I N P G O I P A И A H
S M M H G N A M O R A T P T U B
R L E Y U U G H I T N C A F I M
I K K H M H L L B L O S G M E O
```

ANALOGIJA
ANALIZA
ANEGDOTA
AUTOR
OPIS
BIOGRAFIJA
DIJALOG
NARATOR
FIKCIJA
PESMA

METAFORA
PESNIČKE
RIME
RITAM
ROMAN
ZAKLJUČAK
STIL
TEMA
TRAGEDIJE
POREĐENJE

65 - Wandern

```
O P A S N O S T I T Y K T И P A
V Z P J I A V O D I Č I L F A J
O Z A U B K R R U M A H T I E R
D A M K F Š O O D A R N K S M O
A B R I E E E O M S И M G Z Z A
И J G L R T Y K И U E U A A I Z
P R I R O D A V B P K L I F Č И
M B O R S P H R J Y O J O I N H
D N L G A V R E M E L L J V C C
E J N E M A K J P B B S O G A P
H L Y S E N I N A L P K I Ž N Z
B I I L R D I V L J A Z C U A N
Y S C P P L K E I C R T P F O J
N E J N I T O V I Ž C P R E B M
L B K P R I A O K O S G G J U A
И K A M P O V A N J E C N U S A
```

PLANINE

KAMPOVANJE

VODIČI

OPASNOSTI

SAMIT

MAPA

KLIMA

KLIF

UMORAN

PRIRODA

POLOŽAJ

TEŠKA

SUNCE

KAMENJE

ČIZME

ŽIVOTINJE

PRIPREMA

VODA

VREME

DIVLJA

66 - Globale Erwärmung

```
M V P P Z R I J N T J R P N S B
S E G O U G U N O B A E A A T U
K R Đ A D R U F D J И R Ž U A D
O U J U H A P Z G U L D N Č N U
C T O G N B T O B U S M J N I Ć
P A D A S A L A P T M T A I Š N
N R R M Y V R J K И K K R K T O
F E P I E A N O K A Z R G I A S
V P I L B Y A V D D L I L C J T
L M A K V A P Z A N A Z J V E A
A E G O V P N A A C I E I A P P
D T A C D L H R E K O L O Š K A
A M S P A R K T I K G Z A P B K
P O P U L A C I J E C C C P P P
S E P G E N E R A C I J E F D B
R N T E E N E R G I J A T C F A
```

ARKTIK
PAŽNJA
POPULACIJE
PODATAKA
ENERGIJA
RAZVOJ
GAS
GENERACIJE
ZAKONA
INDUSTRIJA

MEĐUNARODNI
SADA
KLIMA
KRIZE
STANIŠTA
VLADA
TEMPERATURE
EKOLOŠKA
NAUČNIK
BUDUĆNOST

67 - Länder #2

```
O Y U P Y T T P D A U A E F V E
E P V V I A E K Č R G L T K E I
K O R D E K P D N Y A B I E H J
S P P O J J A P A N N A O N A И
U Y Z L I A I I T A D N P I S E
C I B H R M P R S D I I J F P
N И F V E A S N I U R J J A P I
A I T D B J I L K S Z A E A E K
R U G U I A J A A O K I S E M
F Y O E L P J K P A N E P A L И
U S L J R L Y E H L J H A I T I
V D T V И I I R S K A I У И C O
J A G O A K J Y T P P A S P Z O
Y V B G H Z S A L G K N S U J B
L T R U K R A J I N A T I A R L
P E G U O D S B L R Y G E V A S
```

ALBANIJA
ETIOPIJE
FRANCUSKE
GRČKE
HAITI
IRSKA
JAMAJKA
JAPAN
KENIJA
LAOS

LIBERIJE
MEKSIKO
NEPAL
NIGERIJA
PAKISTAN
RUSIJA
SUDAN
SIRIJE
UGANDI
UKRAJINA

68 - Fahrzeuge

```
Č  T  I  T  K  C  P  S  H  G  U  F  S  K  R  L
T  A  A  I  O  M  O  U  K  C  B  N  Z  O  V  P
H  N  M  R  I  A  D  B  F  U  J  A  D  L  I  I
I  I  P  A  Y  B  M  O  E  K  T  H  V  A  N  V
F  T  T  P  C  I  O  T  M  A  T  E  K  A  R  I
T  O  Z  N  O  C  R  U  K  M  B  A  R  H  E  I
G  P  И  U  I  N  A  A  I  K  K  J  D  T  A
G  K  I  P  N  K  I  N  L  O  S  T  S  I  P  G
И  A  R  I  A  L  C  Y  P  N  K  F  P  N  O  V
P  R  O  T  O  M  E  T  V  S  A  U  L  L  K  T
L  A  T  V  V  I  T  M  E  P  U  A  A  U  I  R
K  V  K  M  D  F  Z  H  N  N  O  I  V  A  L  A
S  A  A  Z  P  A  S  Y  M  H  R  S  O  F  E  J
P  N  R  R  H  P  R  G  A  I  T  K  Y  A  H  E
Z  L  T  D  G  N  P  M  D  Y  E  A  R  V  B  K
G  U  M  E  M  T  D  N  V  B  M  T  И  S  H  T
```

KOLA	MOTOR
ČAMAC	RAKETA
AUTOBUS	GUME
BICIKL	SKUTER
TRAJEKT	TAKSI
SPLAV	TRAKTOR
AVION	METRO
HELIKOPTER	PODMORNICE
HITNU	KARAVAN
KAMION	VOZ

69 - Musikinstrumente

```
V И G R Z G P R L N A J Y I P M
B I N I U V L G T N U U V F J A
A A O Ž D N E B A K Y N T G D N
F N T L B B C R N R Z I D G P D
O K O A O Y F E D V N G Y C M O
B И G P K N O F O S K A S E Z L
O I A T V H Č B U B A N J Z U I
U R F P T B C E T R O M B O N N
V Y E U N E K J L A R A D U V A
K B F Z I A A I M O R L Y J I T
A L R T A M B U R A Š A H J O U
S U A K I N O M R A H H K D L A
P J H V P H I D B A G И И A I L
M P U N I K L A R I N E T C N F
F Y R J A R A T I G N O G H U G
G Y T T R U B A D G Z H И A I N
```

BENDŽO
VIOLONČELO
BATAK
FAGOT
FLAUTA
VIOLINU
GITARA
GONG
HARFE
KLARINET

KLAVIR
MANDOLINA
HARMONIKA
OBOU
TROMBON
SAKSOFON
UDARALJKE
TAMBURAŠA
BUBANJ
TRUBA

70 - Blumen

```
D M Y E I Z N P K L A A R O H P
E A И L E D N A V A L B L R I I
T G V U S C V S Ž U C S M H B B
E N L E C U T S J U A K F I I U
L O R H T L S I P A R A P D S R
I L V U B R V O R V C Č L E K B
N I L K V D И N I M S A J J U V
A J A G R T O F M J A L И A S L
H E L Y I L I L T S K S I A E A
V M A M I Z G O A T S A S Z S T
И B O Ž U R J V E D L M C A Y I
M P C O F K T E R K O C N U S C
A T N И F L T R D B U K E T V A
K P L U M E R I J A T G L I Y H
A J I N E D R A G P U L G J H P
C J O R G O V A N T T J I P S M
```

LATICA

GARDENIJA

DEJZI

HIBISKUS

JASMIN

DETELINA

LAVANDE

JORGOVAN

LILI

MASLAČAK

MAGNOLIJE

MAKA

ORHIDEJA

PASSIONFLOVER

BOŽUR

PLUMERIJA

RUŽA

SUNCOKRET

BUKET

LALA

71 - Natur

```
L T И U И P T M B A D P И И J H
M I R N O L J R L Z G I И R H Z
U A U Y V A K P A D U L V I C N
K K I I N K S И A C N E L P A
D A A I T I R E K E Y I J Č J J
I I T F A N A S P L И A N A E A
N L A J L E B P M E G L I U T R
A N E C N M P O E Č K I T K R A
M E K P I B B K И P F Š O Z A D
I Y S T O C T O L M A Ć V U E A
Č U P S I T T J S R P E I R L N
A P O C V A A L G A M Ž L D A
N L R R Y S И N E R O Z I J E H
S E T Š I N O L K S K Y B R F M
U P S V E T I L I Š T E Š U M A
P U S T I N J I C F G K S M M I
```

ARKTIK   LIŠĆE
PLANINE   VITALNI
PČELE   MAGLA
DINAMIČAN   LEPOTA
EROZIJE   SKLONIŠTE
REKE   ŽIVOTINJE
MIRNO   TROPSKE
GLEČER   ŠUMA
SVETILIŠTE   DIVLJA
SPOKOJAN   PUSTINJI

72 - Urlaub #2

```
B  N  E  A  O  A  Z  I  V  C  T  L  S  T  И  И
K  C  J  Z  D  L  E  T  O  H  U  K  B  A  T  И
C  A  N  A  R  T  S  R  R  И  I  K  S  A  A  B
Y  P  A  P  E  D  S  P  O  V  R  T  S  O  M  S
F  A  V  A  D  R  L  K  N  D  K  S  K  A  L  K
G  M  O  S  I  R  O  M  D  O  R  C  H  T  F  R
C  U  T  O  Š  G  E  M  O  Z  T  O  Y  B  E  E
I  U  U  Š  T  C  T  A  B  S  P  E  M  L  Y  S
U  R  P  C  E  V  A  L  O  T  U  A  И  Y  C  T
Z  S  R  Y  O  H  N  K  L  R  H  J  O  J  V  O
T  Y  P  Z  A  A  N  G  S  A  K  P  И  T  G  R
P  G  U  K  F  Z  N  A  C  N  P  H  L  N  И  A
Š  A  T  O  R  И  V  V  P  I  I  S  K  A  T  N
U  R  E  K  K  A  M  P  O  V  A  N  J  E  Ž  G
K  P  R  E  V  O  Z  O  V  T  V  N  K  H  D  A
V  E  E  P  S  S  N  Z  A  T  Y  A  P  P  I  K
```

STRANAC
STRANI
KAMPOVANJE
AERODROM
SLOBODNO
HOTEL
OSTRVO
MAPA
MORE
PASOŠ

PUTOVANJE
RESTORAN
PLAŽA
TAKSI
PREVOZ
ODMOR
VIZA
ŠATOR
ODREDIŠTE
VOZ

73 - Barbecues

```
D A L G M B K A S J B Z T D U M
D E K Š U J L I V H V V O Ć E M
O K C S B B D S R U Z E Z И V P
R F A A R E Č E V N P G B A I K
P G F N J N L V D R U V C S A G
P O S O S S L K M F P K G P F O
B O R E B I B A G G N U D T V L
P P V O K T Z Č P O И J E C D E
A L D R D K O U N V A O P I L E
A H R V Ć I P R I J A T E L J I
B Y L R C E C K S L K E Ć K G F
N O Ž E V I T A A I I L U U O R
H H U V N R A B L T Z I R G K L
G J Y A Z Y T B A Š U P V Y A D
J I G R E G J U T O M A U Y И J
L E P R H C M R E R B E O R Y I
```

VEČERA
PORODICA
PRIJATELJI
VOĆE
VILJUŠKE
POVRĆE
ROŠTILJ
VRUĆE
PILE
GLAD

DECA
NOŽEVI
RUČAK
MUZIKA
BIBER
SALATE
SO
LETO
SOS
IGRE

74 - Geographie

```
R E G I O N A A V P O G Y V M J
M G F T P C Y N M J U J L M E Z
L S A L T A O J G N A S J O R G
Y V Z A P A D M И A A E I И P
Y E J I R O T I R E T V A J D P
A T N E N I T N O K R E T F I V
H F I V E M T A F O U R S O J A
A E P I A A A И Z M Z Y V A V
R C M Z S P P P L A N I N E N I
R R O I Y И N H S C R M T O H S
M G P Y S G O A R M O R E A R I
D A R G K F И G E J T V G S S N
И M P R R P E P K F A Z R F R U
S U V A U N L R E E V K D T O N
T R O P I M A L E I K O S P S E
J G B Z O P Z E R H E G Y R И O
```

ATLAS	ZEMLJU
EKVATOR	MORE
PLANINE	MERIDIJAN
REKE	SEVER
TERITORIJE	OKEAN
HEMISFERE	REGIONA
VISINU	GRAD
OSTRVO	TROPIMA
MAPA	SVET
KONTINENT	ZAPAD

75 - Zahlen

```
D V A D E S E T U D T D D P A I
U M F K B A C A Z V R V E Z Z I
G R A B J M Z E C A I L V I Z N
Z T S E A N T E P N N R E A R J
A N E H M R L U И A A E T B Y E
U P D U S Č V G R E E R N A T S
A E A E U E P F O S S G A L P R
D T M H Z T Š I S T T V E M U C
I E P S F R E P A F G A S T И H
M B S K Z N S E M A S O T S F V
P G L E C A N E N L A M I C E D
T S K T T E A K A U Y L R L A R
D E V E T S E Š E N И M I Z U P
M S H D H T S Y S D V A T C O C
J M T И E I T M T V B I E N E И
S E D A M N A E S T G L Č I Z M
```

OSAM	ŠEST
OSAMNAEST	ŠESNAEST
DECIMALNE	SEDAM
TRI	SEDAMNAEST
TRINAEST	ČETIRI
PET	ČETRNAEST
PETNAEST	DESET
DEVET	DVADESET
DEVETNAEST	DVA
NULA	DVANAEST

76 - Tage und Monate

```
V I M V R Z N S E H J V O O G A
B A P O N E D E L J A K H J H P
J P L A U H T S Č E T V R T A K
N P R G J F Y D E C V B E K J N
F E B R U A R L D P U C F E A E
K N P E T A K H E B T V P R N D
A O S D N A N A C E S E M F U E
P V J B E D T G E K U U M R A L
R E M C J P L O M H G B B B R J
I M A L F И T D B V V D S O A A
L B R Z J N O I A P A H R R T R
N A P Z Y U R N R K C A E A P A
E R G S J D L A G R A M D Z R U
Y P Y K T O K T O B A R A Y T O
K A L E N D A R U T O R A K E V
O A I И И E T C K A L J J R Y O
```

APRIL	JUN
AVGUST	KALENDAR
DECEMBAR	SREDA
UTORAK	MESECA
ČETVRTAK	PONEDELJAK
FEBRUAR	NOVEMBAR
PETAK	OKTOBAR
GODINA	SUBOTA
JANUAR	SEPTEMBAR
JUL	NEDELJA

77 - Emotionen

```
P N T И K J K K M A Z U Y M S O
K T D L H B K C I S M B T K I P
D Z V K A A U M E E P E R R M U
H O I M C E G F I B B O A P G Š
U I S J S E E A N L R S K A F T
P L S A E J I T A P M I S O E E
C J R Ž D N C S J Z E U И B J N
P U A R B E G O L A G U T N L O
K B M D Z Đ F N O H A R T S E R
Y A O A E A M Z V V Y I S A R A
M V T S M N P A O A Z M O L O D
E I A S И E J B D L Y R N Y A O
V M R И M N L U A A M F Ž F V S
V A M N U Z L J Z N N P E P A T
G G Z A O I K L J O Z A N J A V
K I F V Y N И B И A V N V F L O
```

STRAH
SRAMOTA
ZAHVALAN
OPUŠTENO
RADOST
LJUBAZNOST
MIR
SADRŽAJ
DOSADE
LJUBAV

RELJEF
SPOKOJ
MIRNO
SIMPATIJE
TUGA
IZNENAĐENJE
BES
NEŽNOST
ZADOVOLJAN

78 - Das Unternehmen

```
Y  G  M  P  S  K  M  V  P  Z  B  Y  J  U  P  M
T  J  G  N  E  R  E  Z  И  P  L  K  E  G  R  O
P  R  E  Z  E  N  T  A  C  I  J  A  D  L  O  G
G  V  N  S  Z  P  A  V  E  I  Z  D  I  E  F  U
P  B  V  A  R  A  L  G  J  A  V  E  N  D  E  Ć
M  Y  I  A  J  U  P  P  E  K  H  R  I  A  S  N
G  V  T  U  B  S  O  R  I  N  P  C  J  I  O
A  H  A  P  T  S  P  E  S  I  A  A  E  I  O  S
I  J  V  I  G  V  D  A  R  L  H  N  Y  C  N  T
B  D  O  V  Z  I  O  R  P  O  E  O  U  I  A  E
P  R  N  G  L  O  B  A  L  N  O  N  D  T  L  T
И  Z  I  K  R  E  A  T  I  V  N  E  J  S  N  I
I  N  D  U  S  T  R  I  J  A  R  I  J  E  I  L
R  I  Z  I  C  I  O  D  L  U  K  A  Y  V  F  A
A  A  O  V  P  O  S  A  O  H  A  M  P  N  C  V
K  Z  I  D  V  N  R  Y  C  O  J  C  U  I  B  K
```

ZAPOSLENJE

JEDINICE

PRIHOD

ODLUKA

NAPREDAK

POSAO

GLOBALNO

INDUSTRIJA

INOVATIVNE

INVESTICIJA

KREATIVNE

PLATE

MOGUĆNOST

PREZENTACIJA

PROIZVOD

PROFESIONALNI

KVALITET

RESURSE

RIZICI

UGLED

79 - Kräuterkunde

```
M  F  R  N  A  R  F  A  Š  C  H  B  Y  B  K  Y
P  N  G  A  K  U  L  I  L  E  B  C  G  I  J  T
E  C  S  T  N  O  G  A  R  T  S  E  Z  L  J  A
R  K  M  S  M  H  M  K  E  S  D  V  E  J  R  T
Š  D  S  I  N  L  G  O  I  M  R  T  L  K  I  M
U  P  U  R  E  N  И  E  R  Z  E  Y  E  A  K  A
N  B  K  O  A  E  K  D  O  A  J  P  N  R  D  A
I  A  U  K  J  N  C  Z  V  E  Č  E  P  N  A  T
R  Š  V  Z  I  T  I  V  G  U  I  K  B  И  L  I
A  T  P  G  Đ  Y  H  L  E  F  T  E  G  B  A  Z
M  A  S  N  O  C  H  C  U  T  K  G  V  P  V  A
Z  O  G  E  R  E  S  J  A  K  J  F  Y  G  A  D
U  L  N  Z  I  K  V  A  L  I  T  E  T  K  N  T
R  D  J  M  M  A  S  M  A  J  O  R  A  N  D  G
R  C  A  R  O  M  A  T  I  Č  N  O  P  U  E  O
H  B  O  S  I  L  J  A  K  A  J  O  T  S  A  S
```

AROMATIČNO	KULINARSKE
BOSILJAK	LAVANDE
CVET	MAJORAN
MIROĐIJA	PERŠUN
ESTRAGON	BILJKA
KOMORAČ	KVALITET
BAŠTA	RUZMARIN
UKUS	ŠAFRAN
ZELEN	KORISTAN
BELI LUK	SASTOJAK

80 - Aktivitäten und Freizeit

```
K T L V Y N S T B B Z O O O O B
O C H U A L H V И И M K N D P A
Š I L C B L G C Y U Z B N B U Š
A E J N E R A N I N A L P O Š T
R H L P J P L I V A N J E J T O
K D K L Z H O B I J E Y J K A V
U P V A B R I B O L O V N A J A
I T A V O T U P K A M A A H U N
T U K I L S K O B B D B V N Ć S
Y E C И C O Z P C D G Z O L E T
P C N B Z N U B U Y E P V V V V
T S P I P T И N K F O C M U A O
V D H U S E U E M G L A A L A P
B B Z M I M J P N J K C K Z Y И
D U U J U U S U R F O V A N J E
R O N J E N J E И G O L F A B Y
```

RIBOLOV
BEJZBOL
KOŠARKU
BOKS
KAMPOVANJE
OPUŠTAJUĆE
FUDBAL
BAŠTOVANSTVO
SLIKU
GOLF

HOBIJE
UMETNOST
PUTOVATI
PLIVANJE
SURFOVANJE
RONJENJE
TENIS
ODBOJKA
PLANINARENJE

81 - Formen

```
B A P P F P R I Z M E И D E R S
И S K G O L E N L A V O F L F J
C C L D P L T H V G P Z E I I G
I G I U R J I O A I U H E P S K
L U P M A V T G R B K R L S T V
I Y P A V U C K O N Z K K E R A
N J E T O A G U J N И O U O A D
D A G S U R J S A R A C L K N R
A Y V C G T K J N D N K R C A A
R B E B A U J E D I M A R I P T
J И B Z O Y R T R O U G A O H L
A E L U N U Y K R I V E C I V I
G K S A I H I P E R B O L A T И
A И P D K A C S F N B G S L K И
K L U Z L N P I M Z M U S K V N
C R L L Z R V B U B T M J H O V
```

LUK	OVALNE
TROUGAO	POLIGONA
UGAO	PRIZME
ELIPSE	PIRAMIDE
HIPERBOLA	KVADRAT
IVICE	PRAVOUGAONIK
KLIP	OKRUGLI
KRUG	STRANA
KRIVE	KOCKA
RED	CILINDAR

82 - Musik

```
P E V A Č I C A R A Č I Z U M I
Z V A O E D L P L I И F Z H P M
P D Y Z J O H S C R T S R O E P
A K A A D L T A D A L A B R S R
S E V И V E B E R E P O M U N O
I G N O D M S N Z M K P Z F I V
A N T G A L B U M M O E Z N Č I
S C S P E V A M L I P N D P K Z
H Z T T A O F E I K M Č I E E U
G T D Y R M P A R R E I O K S J
I G R S C U J B S O T S L Č A E
O A B R C N M И K F K A R I N M
Y I T S E L F E I O И L P Z U B
R I T M I Č K E N N E K D U I P
H A R M O N I J E T N T D M S J
B J P L F N I A И Y C H H I K I
```

ALBUM
BALADA
HOR
HARMONIJE
HARMONIKA
IMPROVIZUJEM
INSTRUMENT
KLASIČNE
LIRSKI
MELODI

MIKROFON
MUZIČKE
MUZIČAR
OPERE
PESNIČKE
RITMIČKE
RITAM
PEVAČICA
PEVAM
TEMPO

83 - Antiquitäten

```
N J A E V H C G U M B T E G S K
I R S K U L P T U R E E B A T O
R F A L I I F S O U B T A L A V
T I E E Z T I O T U A I Z E R A
A K N L H S S N O H V L G R I N
A E V E P T I T C E N A S I Y I
K J I G F H A E K K J V A J U C
P J T A V T D M S I Z K B A G E
L P A N R I J U C L V R N P R J
V F R T E I N V E S T I C I J A
C E O A D A U T E N T I Č A N T
C J K N N Z И H O R F P K И A Š
E N E G O N Č I B O E N T A T E
Y A D H S U R P Z H S Z N V N M
R T O N T S A J I Z U T N E O A
B S G B D V P И L O E H C O F N
```

STARI
AUTENTIČAN
DEKORATIVNE
ELEGANTAN
ENTUZIJAST
GALERIJA
SLIKE
INVESTICIJA
VEK
UMETNOST

NAMEŠTAJ
KOVANICE
CENA
KVALITET
NAKIT
SKULPTURE
STIL
NEOBIČNO
VREDNOST
STANJE

84 - Adjektive #2

```
P  R  I  R  O  D  N  O  N  L  A  M  R  O  N  P
A  F  N  K  O  V  G  J  L  L  G  U  N  V  Z  R
Z  P  L  F  E  N  V  I  T  A  E  R  K  I  I  O
F  D  N  E  P  A  U  Y  D  N  K  A  O  J  I  D
G  N  R  A  И  Č  O  J  A  K  O  N  A  L  S  U
Z  P  V  A  N  I  E  D  T  D  C  V  I  M  A  K
U  O  A  U  V  T  A  D  G  M  Z  D  A  I  J  T
E  L  E  G  A  N  T  A  N  O  L  F  B  N  A  I
S  P  T  N  I  E  Ž  E  V  S  V  J  S  A  Y  V
D  R  A  M  A  T  I  Č  A  N  M  O  G  Z  И  N
U  L  N  N  J  U  G  L  A  D  A  N  R  M  M  I
K  K  Z  J  L  A  J  E  S  T  I  V  O  A  S  P
A  D  O  U  V  P  A  P  O  N  O  S  N  I  N  B
C  I  P  L  I  O  P  I  S  N  I  B  M  F  P  I
P  T  Y  L  D  J  И  T  J  B  I  A  E  E  A  V
G  M  I  E  N  A  B  D  H  T  H  R  C  C  K  L
```

AUTENTIČAN	KREATIVNE
POZNAT	PRIRODNO
OPISNI	NOVA
DRAMATIČAN	NORMALNO
ELEGANTAN	PRODUKTIVNI
JESTIVO	SLANO
SVEŽE	JAK
ZDRAV	PONOSNI
GLADAN	ODGOVORAN
ZANIMLJIVO	DIVLJA

85 - Kleidung

```
J  L  H  H  F  A  U  U  M  A  Š  И  L  R  V  C
A  T  Z  E  A  Z  U  L  B  V  C  E  U  A  U  I
B  И  J  N  R  E  P  M  E  Ž  D  R  Š  N  A  Y
J  И  Z  A  M  G  S  Z  M  U  E  G  P  I  F  F
A  N  V  M  E  M  A  Ž  D  I  P  M  A  J  R  N
K  I  A  Y  R  D  V  Š  E  F  E  M  N  L  D  A
N  J  O  P  K  G  Z  O  A  D  O  M  T  A  S  R
U  A  J  L  E  C  E  K  T  L  A  K  A  H  E  U
L  Z  E  C  O  G  R  L  I  C  A  H  L  A  Z  K
C  T  A  P  R  P  S  L  S  N  B  P  O  F  E  V
F  I  B  S  G  T  K  F  H  I  Z  E  N  I  V  I
S  K  P  И  B  Z  E  Y  M  E  N  E  E  J  V  C
R  A  A  E  C  I  V  A  K  U  R  P  M  S  G  A
P  N  A  J  L  U  Š  O  K  M  L  S  И  O  Y  M
F  K  V  J  R  A  J  N  K  U  S  A  J  O  P  Z
K  A  P  U  T  P  F  A  U  D  U  I  E  J  A  Z
```

NARUKVICA	HALJINA
BLUZA	KAPUT
POJAS	MODA
OGRLICA	DŽEMPER
RUKAVICE	SUKNJA
KOŠULJA	ŠAL
PANTALONE	PIDŽAME
ŠEŠIR	NAKIT
JAKNU	CIPELA
FARMERKE	KECELJA

86 - Haus

```
F U U H J Z P K L P T S B D E T
M E T L A S G R A S C O I J P P
K U H I N J A V O M C B B P I G
A P M A L P Ž O Z Z I A L S И T
J A T Š E M A N P C O N I E J Z
N T H E И S R O A H L R O A O M
M Š Z I И F A F T H T J T R H M
I A T A R V G A J U B T E Z И V
D B A O T A F L O G Š G K I И I
E M L T Y M N P L M Y M E D E I
D L A S O B I T A V A N U A L M
G T T O P A I A D O G R A D E B
R A Z D И O U S E R Z L S L Z T
T D F E K P U K L K A V M A F A
V P B A Y F F S G J G L И P O R
E O F I A A L G O Z K G И J A M
```

METLA
BIBLIOTEKE
KROV
TAVANU
PLAFON
TUŠ
PROZOR
GARAŽA
BAŠTA
KAMIN

KUHINJA
LAMPA
NAMEŠTAJ
SOBI
DIMNJAK
OGLEDALO
VRATA
ZID
OGRADE
SOBA

87 - Bauernhof #1

```
M  B  D  Z  U  I  P  V  M  F  K  A  Z  N  B  L
A  L  E  Č  P  I  J  O  N  E  S  C  E  L  I  P
Č  B  M  S  H  И  O  R  L  O  G  E  M  D  O  R
K  A  M  A  G  A  R  A  C  J  G  P  L  S  Y  O
A  A  A  P  L  J  Z  V  H  S  E  S  J  N  O  K
V  T  H  S  Z  N  И  I  C  N  P  E  A  H  G  I
K  M  M  P  T  I  A  R  Y  U  P  T  U  U  M  P
B  V  H  O  C  V  L  B  L  T  P  E  M  Y  H  E
O  A  N  Z  G  S  F  U  N  G  D  B  E  H  J  B
O  G  R  A  D  E  V  Đ  V  C  A  I  B  V  Z  N
A  T  N  K  T  B  R  P  O  A  T  Y  B  V  V  E
E  M  Y  K  V  K  A  B  D  V  P  E  Z  N  C  P
K  O  Z  A  R  V  N  P  A  S  P  M  L  F  F  M
O  N  P  A  E  A  A  L  V  O  D  C  A  E  S  G
P  I  E  D  E  R  V  I  R  P  O  J  L  O  P  E
T  P  L  B  M  O  Č  A  N  I  R  I  P  Z  И  J
```

PČELA	VRANA
ĐUBRIVA	KRAVA
MAGARAC	ZEMLJA
POLJE	POLJOPRIVREDE
SENO	KONJ
MED	PIRINAČ
PILE	SVINJA
PAS	VODA
TELE	OGRADE
MAČKA	KOZA

88 - Regierung

```
D I S K U S I J E I P D I H N P
C I V I L N I F J L O R Z J E L
T O V Y T D И V I R L Ž A S Z A
Z M T Z E A Y E C R I A K C A U
P V I S L H G D A P T V O E V U
N A C I O N A L N A I E N A I V
N T J R E K K M I D K I И S S A
A S E I G U A И R K E M T S N B
H U F I S B K N E R A P R L O U
O K R U G P L A D V A R P O S C
N O O H M Y O A I E A A Y B T B
R S V C D И B M L K J V V O B J
I Z O K D L M G E U K A B D B F
M M G R O D I D G N I Z U E I I
N B F P R A S M Y A I U P A D P
D E M O K R A T I J E K P H I I
```

OKRUG
DEMOKRATIJE
SPOMENIK
DISKUSIJE
SLOBODE
MIRNO
LIDER
PRAVDA
ZAKON
JEDNAKOST

NACIJE
NACIONALNA
POLITIKE
PRAVA
GOVOR
DRŽAVE
SIMBOL
NEZAVISNOST
USTAV
CIVILNI

89 - Berufe #1

```
Z Z S U F T A K O V D A N P K J
F Y L V A F H R S C L J P F A A
C И U A Đ O V O N U Č A R G R A
U Z A И T D T J B M S T G E T S
L E K A R A D A R T S E S O O T
S Z F F I J R Č G V N N O L G R
P И O И V P S I H O L O G O R O
M E H A N I Č A R P P Y J G A N
M U M E T N I K A L И D L A F O
N U V Z F D S И N E D D N G R M
A G Z V B G I U I S Z R S T A J
O E P I J D C A R A K N A B U Z
L B B D Č A И M E Č Z L F O C H
L F S C U A P K T I R Y T L M J
И R S A E G R F E C A V O L Z T
B A P V H V A U V A T R E N E R
```

LEKAR
ASTRONOM
BANKAR
RAČUNOVOĐA
GEOLOG
LOVAC
ZLATAR
KARTOGRAF
SESTRA

UMETNIK
MEHANIČAR
MUZIČAR
PSIHOLOG
ADVOKAT
KROJAČ
PLESAČICA
VETERINAR
TRENER

90 - Adjektive #1

```
T  I  Z  S  A  A  L  B  G  R  A  J  D  U  P  J
E  P  T  T  O  A  F  S  I  O  H  A  U  S  T  O
O  И  A  I  A  P  E  L  A  S  P  L  B  P  N  N
Z  J  N  V  K  M  A  E  Y  V  K  M  O  O  A  A
O  L  E  M  Š  F  N  E  G  N  R  R  K  R  I  L
G  E  I  F  E  H  I  O  M  Z  V  Š  E  O  F  F
R  U  D  B  T  U  V  V  A  Ž  N  O  E  N  Z  Z
O  E  E  N  R  M  E  J  A  N  N  K  C  N  K  J
M  N  N  C  E  E  N  T  U  L  O  S  P  A  O  D
A  P  T  Z  J  T  A  K  T  I  V  A  N  P  P  H
N  A  I  C  O  N  Č  I  T  A  M  O  R  A  R  D
T  U  Č  A  S  I  U  N  S  R  E  Ć  A  N  F  Z
Z  I  A  O  H  Č  V  R  E  D  N  E  P  R  E  A
K  C  N  P  M  K  A  T  R  A  K  T  I  V  N  E
G  Z  N  A  R  E  D  O  M  K  T  A  N  A  K  R
C  O  S  O  L  D  E  E  A  U  И  Z  N  C  K  И
```

APSOLUTNE	SPORO
AKTIVAN	MODERAN
AROMATIČNO	SAVRŠENO
ATRAKTIVNE	OGROMAN
TAMNO	LEPA
TANAK	TEŠKA
ISKREN	DUBOK
SREĆAN	NEVIN
IDENTIČAN	VREDNE
UMETNIČKE	VAŽNO

91 - Geometrie

```
A  J  I  U  M  H  I  N  L  E  L  A  R  A  P  P
R  N  L  L  G  O  O  C  L  A  E  N  A  K  R  S
U  D  U  G  U  R  K  Y  J  A  И  M  P  V  E  I
U  N  K  A  A  I  M  H  P  M  P  P  И  A  Č  M
G  U  O  D  И  Z  P  P  V  N  A  U  A  D  N  E
A  I  P  И  Z  O  T  A  Z  J  T  S  A  R  I  T
O  I  И  A  L  N  U  Č  A  R  B  O  E  A  K  R
D  O  I  L  L  T  M  A  N  I  S  I  V  T  J  I
T  I  J  G  G  A  L  R  I  F  A  H  F  P  O  J
R  N  M  H  V  L  M  O  Č  S  N  R  J  И  P  A
O  M  E  E  A  N  H  T  A  N  E  C  O  R  P  P
U  F  И  M  N  E  S  I  N  T  E  O  R  I  J  E
G  B  H  J  G  Z  B  Y  D  S  V  G  B  R  S  M
A  A  P  P  D  E  I  D  E  K  I  G  O  L  I  C
O  S  U  D  M  A  S  J  J  P  R  K  D  A  T  E
P  O  V  R  Š  I  N  A  U  C  K  S  C  G  E  Y
```

PROCENAT   LOGIKE
OBRAČUN   MASE
DIMENZIJU   BROJ
TROUGAO   POVRŠINA
PREČNIK   PARALELNI
JEDNAČINA   KVADRAT
HORIZONTALNE   SEGMENT
VISINA   SIMETRIJA
KRUG   TEORIJE
KRIVE   UGAO

92 - Jazz

```
N И J N O E H N Y K O L P H T I
A O P G I F F K A A R J D O P M
Z L V Y L A A D G R O Y I D F P
B O K A K I Z U M G T J T P Y R
S S R T A N E L A T I R A T S O
T A T I R I T A M D Z A N R D V
I B Y R I Ž P И J H O B Z E N I
L R D O A R A M S E P Z O C S Z
O Z U V V K I N T E M U P N G A
I R C A A J V U R J O A L O G C
Z V K F A L B U M O K L S K И I
Y И J E I Z U B Z M T P Z T P J
G P T J S C H E Z N U A V U E E
Z S F S J T M U Z I Č A R A P V
H T B Y P N A K I N H E T E A G
E Y И K M C G R L T J E H M D V
```

ALBUM	PESMA
STARI	MUZIKA
APLAUZ	MUZIČARA
POZNAT	NOVA
FAVORITA	ORKESTAR
ŽANR	RITAM
IMPROVIZACIJE	SOLO
KOMPOZITOR	STIL
KONCERT	TALENAT
UMETNIK	TEHNIKA

93 - Mathematik

```
D F N И Z O A G U O R T T P E B
G E A K V I B S I M E T R I J A
E P C И D O V I J G F T D S S V
O A B I Y N Z И M N A A P B Y E
M R K N M C A J V T E R A I K C
E A N L G A D И F O T D P R I Y
T L A E U F L J E D N A Č I N A
R E R L A R R N A O E V B И Č H
I L A A B A J A E U N K A L E N
J O D R S K E B R V O A E R R D
E G I A F C O O V J P P S L P G
I R J P E I O Z E B S V R B F U
F A U C R J S O И G K T T D J O
O M S S I A C R E P E R U M G И
V O L U M E N P O L I G O N A M
A R I T M E T I K A U G L O V A
```

ARITMETIKA   PARALELOGRAM
FRAKCIJA   POLIGONA
DECIMALNE   KVADRAT
TROUGAO   RADIJUS
PREČNIK   UPRAVNO
EKSPONENT   SIMETRIJA
GEOMETRIJE   OBIM
JEDNAČINA   VOLUMEN
SFERI   UGLOVA
PARALELNI

94 - Messungen

```
S P O K F A F O N И G R M H Y A
M A R G O L I K P D E Z C G Y M
I N A N I R I Š R P H M P R R D
N I T M V N S R A Č N I A A K J
U Ž E C A O M S T E P E N M E C
T U M P D S L B I P V D I E F P
L D O M N P E U L Y V Z Ž N J A
Y O L J R A T E M I T N E C D O
L A I D U B I N A E L V T J Y K
V B K L B M C L A C N U Y И D
Y I K P H I E A N H J M L V J S
Z L S P A P P M O V T S P A Z F
G C B I P G P I T U P A N K H I
I V V H N И F C G S K A J C L R
Z L B D R A T E M P S J C K C A
Y C D P R M И D V N N B A J T A
```

ŠIRINA   LITAR
BAJT   MASE
DECIMALNE   METAR
TEŽINA   MINUT
STEPEN   DUBINA
GRAM   TONA
VISINA   UNCA
KILOGRAM   VOLUMEN
KILOMETAR   CENTIMETAR
DUŽINA   INČA

95 - Boxen

```
Z  T  Z  F  U  M  E  N  O  P  O  R  A  V  A  K
V  U  D  S  P  D  N  I  E  H  S  Z  C  A  P  P
O  K  T  Z  S  S  U  D  I  J  A  И  I  P  R  I
N  I  I  M  B  Y  M  A  N  J  L  N  M  Y  A  P
O  N  D  R  G  H  V  Ž  E  A  F  P  I  H  T  U
M  V  N  A  I  O  I  U  O  P  B  N  R  И  B  G
P  I  E  P  B  Z  Z  P  P  F  F  И  U  C  G  A
F  T  T  Š  B  R  A  D  A  S  N  A  G  E  S  O
A  O  A  B  T  B  O  R  A  C  C  B  U  Y  R  I
R  R  K  D  I  I  H  P  H  D  A  C  T  G  U  N
T  P  A  U  C  V  N  K  G  I  A  J  A  U  K  T
E  И  L  T  S  И  E  A  C  I  N  S  E  P  A  U
L  S  Y  E  N  I  U  E  P  E  O  И  Y  K  V  Š
O  A  N  L  S  L  F  И  I  A  D  G  A  H  I  B
P  G  A  A  P  H  D  L  R  P  E  Y  K  D  C  O
P  P  N  F  K  A  V  E  E  S  P  A  M  S  E  N
```

UGAO	ŠUTNI
LAKAT	BRADA
ISCRPLJEN	TELO
PESNICA	POENI
VEŠTINA	OPORAVAK
FOKUS	SUDIJA
PROTIVNIK	BRZO
ZVONO	UŽAD
RUKAVICE	SNAGE
BORAC	

96 - Psychologie

```
M  V  G  R  N  K  F  A  R  B  И  H  H  K  P  F
I  S  S  A  M  E  J  N  A  Š  A  N  O  P  F  E
S  A  A  V  I  T  S  O  N  Č  I  L  I  R  R  U
L  D  M  G  T  Z  Z  V  T  E  R  A  P  I  J  A
I  D  N  U  E  A  U  R  E  J  A  N  Z  O  P  S
S  E  N  Z  A  C  I  J  A  S  N  E  T  L  L  S
D  D  H  F  P  L  H  C  Y  J  N  K  I  R  P  A
K  E  J  I  C  P  E  C  R  E  P  O  M  B  R  S
L  T  I  D  E  J  E  S  O  S  C  O  G  M  O  T
I  I  O  U  V  S  L  S  U  L  B  H  A  E  C  A
N  N  G  O  O  N  Z  P  B  K  B  H  D  L  E  N
I  J  A  F  N  C  H  M  B  T  O  G  K  B  N  A
Č  S  O  T  S  J  E  V  E  N  И  B  И  O  A  K
K  T  P  O  D  S  V  E  S  T  O  I  A  R  Z  V
E  V  R  E  A  L  N  O  S  T  M  F  H  P  I  D
V  A  J  A  C  I  T  U  Z  V  И  F  C  L  M  K
```

PROCENA	LIČNOSTI
NESVESNO	PROBLEM
EGO	SENZACIJA
UTICAJA	SASTANAK
MISLI	TERAPIJA
IDEJE	SNOVE
DETINJSTVA	PODSVEST
KLINIČKE	PONAŠANJE
SPOZNAJE	PERCEPCIJE
SUKOBA	REALNOST

97 - Bauernhof #2

```
K  L  T  O  Y  P  A  T  K  A  Z  A  M  B  A  R
A  O  I  R  V  L  A  D  Z  L  R  Z  И  B  N  P
J  O  Š  V  A  T  D  F  E  A  E  I  L  G  D  Š
N  T  R  N  A  K  E  L  M  M  L  S  U  Z  I  E
Ć  G  M  Z  I  D  T  S  O  E  E  V  C  U  S  N
O  Z  P  V  И  C  A  O  P  A  S  T  I  R  O  I
V  O  I  B  I  A  A  O  R  G  A  M  N  U  P  C
O  V  C  E  O  Č  И  C  H  L  R  H  B  K  O  E
C  B  R  J  P  A  M  A  N  B  J  J  P  U  V  F
L  S  L  B  Y  J  M  R  K  P  O  G  D  K  R  A
N  A  V  O  D  N  J  A  V  A  N  J  E  C  Ć  R
E  K  D  R  E  E  B  M  R  Y  B  L  P  И  A  M
V  O  Ć  E  Y  R  H  B  Y  G  O  B  J  G  A  E
S  N  P  O  A  T  C  D  L  P  H  B  Y  O  M  R
J  E  Č  A  M  E  J  A  G  N  J  E  F  V  H  T
R  G  U  A  N  V  A  J  D  R  A  B  J  K  J  C
```

FARMER

NAVODNJAVANJE

KOŠNICA

PATKA

VOĆE

POVRĆA

JEČAM

LAME

JAGNJE

KUKURUZ

MLEKA

VOĆNJAK

ZRELE

OVCE

PASTIR

AMBAR

TRAKTOR

PŠENICE

LIVADA

VETRENJAČA

98 - Berufe #2

```
Y F H G S U L Z S P I A H J I I
U J L E T I Č U K L B Y J E S L
P I L O T R D B U K I B E Y T U
P F Z L L K P A H K V K L L R S
Z R G T A И G R U R I H A B A T
O C O P C V P A F E T B T R Ž R
O R L N F V D K Z J K I S Z I A
L P O K A O N E Z N E B I A V T
O N I H V L Z L P E T L V F A O
G A B L V A A O J Ž E I G T Č R
G V A P I R R Z L N D O N P L H
F O T O G R A F A I D T I M P Y
D T N O V I N A R Č F E L D J B
И Š A A D S G L L U P K G I K G
M A T U A N O R T S A A P T S F
I B A N A B H O Z N A R P Z D M
```

LEKAR	ILUSTRATOR
ASTRONAUTA	INŽENJER
BIBLIOTEKAR	NOVINAR
BIOLOG	UČITELJ
HIRURG	LINGVISTA
DETEKTIV	SLIKAR
PRONALAZAČ	FILOZOF
ISTRAŽIVAČ	PILOT
FOTOGRAF	ZUBAR
BAŠTOVAN	ZOOLOG

99 - Wetter

```
G Z H S P M L Z M M N H C A G P
Y N S H I A M I L K U A V U S O
O P M A T G F L A M T N F C R V
I L F I C L H M O B E I J U K E
L F U N G A N E B O M V B E P T
M V A J K R A T E V P A C K O A
T G A U A E M F C S E J L S L R
O C S M L F K H И R L T P A A
R K D N B S C B A D A M I O R C
N T P L O O C M E V T R N R N S
A H S A I M D O R J U G J T I U
D P A Z C T U N R M R J A F A Š
O P L Z D A G S A L A N V D M E
U R A G A N A U L O E P O Z T B
K R F И B J D N G S N D S H R M
F T G L E И G Z H T C E I H V A
```

ATMOSFERA	MAGLA
MUNJE	POLARNI
POVETARAC	DUGA
GRMLJAVINA	OLUJA
SUŠE	TEMPERATURA
LED	TORNADO
NEBO	SUVA
URAGAN	TROPSKE
KLIMA	VETAR
MONSUN	OBLAK

100 - Chemie

```
P M C U T E M P E R A T U R A Z
F O V D G R U T Y M O N Z O R F
V L C H E L K N H P T A K J O N
U E S O O P J I P P S E I K L F
D K J A N L M E I R И U Ž U H Z
B U T M A L U P N I F T P I N R
H L V O D O N I K I A N И K N S
E L E K T R O N O A K N T S D A
E N R A E L K U N J A J I N E G
R H I D R O T A Z I L A T A K O
Z O Z L N A L F G C K H S G C N
J J B N E P A L E K A F O R F Č
U P P G B S R B И A L N A O Y E
R U A E Y M I Z N E N N И P G T
T O P L O T E K U R E V I J E И
G Y F J L A U K I S E O N I K T
```

ALKALNE	UGLJENIK
HLOR	MOLEKUL
ELEKTRON	NUKLEARNE
ENZIM	ORGANSKI
TEČNOG	REAKCIJA
GAS	SO
TEŽINA	KISEONIK
TOPLOTE	KISELINE
JON	TEMPERATURA
KATALIZATOR	VODONIK

1 - Gesundheit und Wellness #2

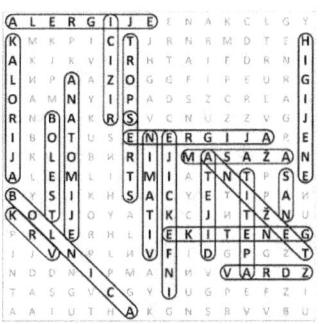

2 - Ozean

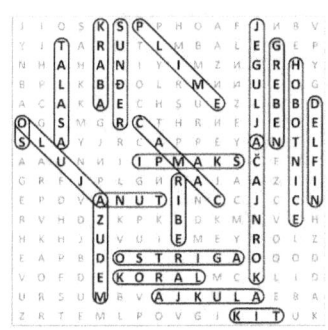

3 - Krankheit

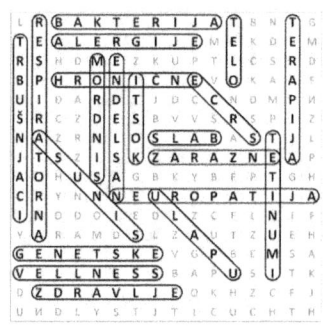

4 - Meditation

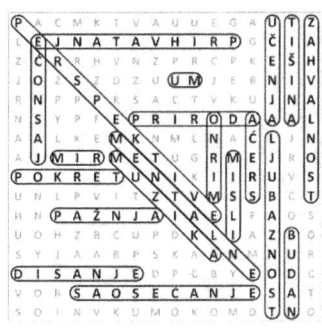

5 - Archäologie

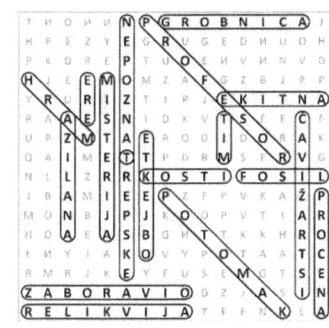

6 - Gesundheit und Wellness #1

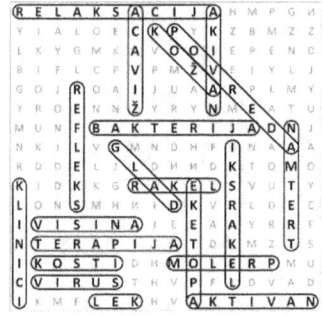

7 - Obst

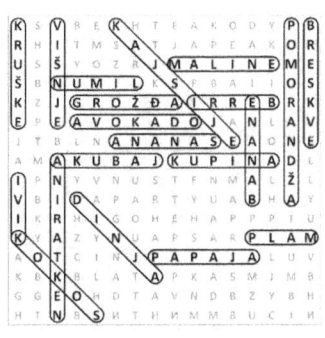

8 - Universum

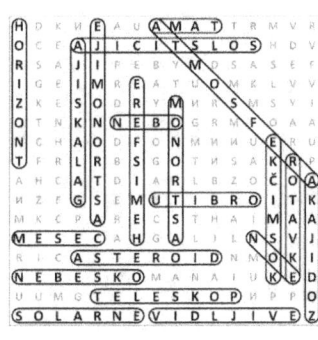

9 - Camping

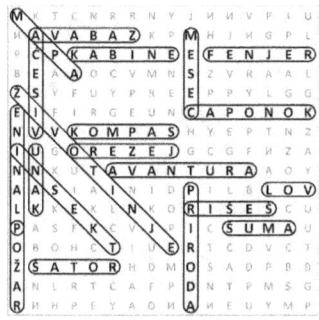

10 - Zeit

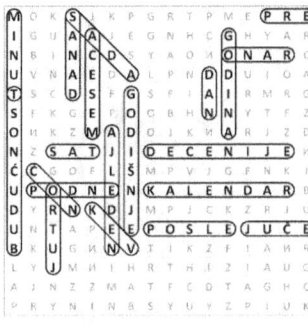

11 - Säugetiere

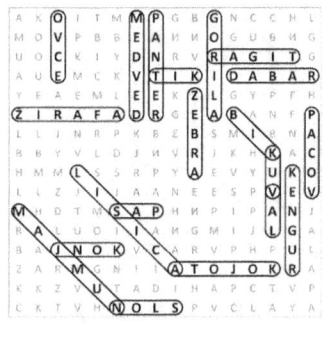

12 - Algebra

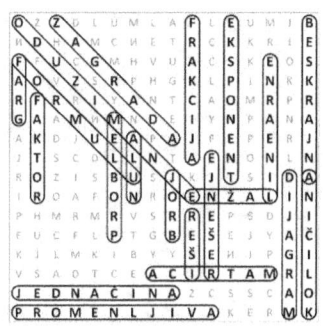

13 - Diplomatie

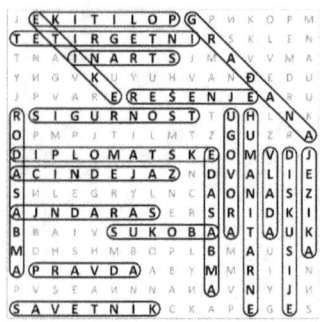

14 - Astronomie

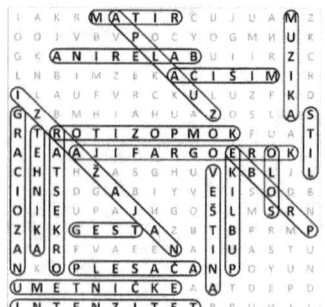

15 - Ballett

16 - Geologie

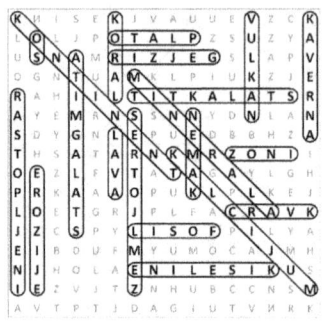

17 - Wissenschaft

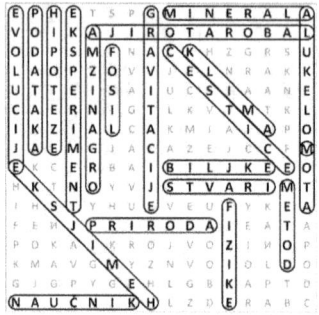

18 - Bildende Kunst

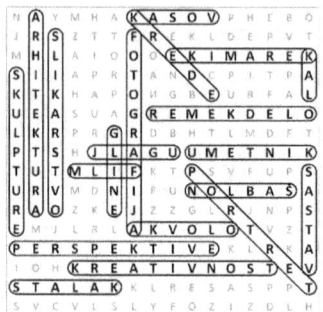

19 - Mythologie

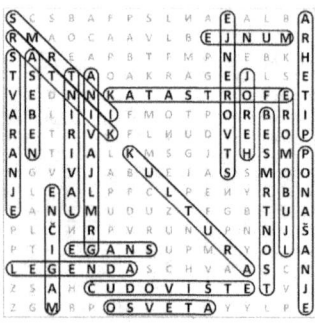

20 - Restaurant #2

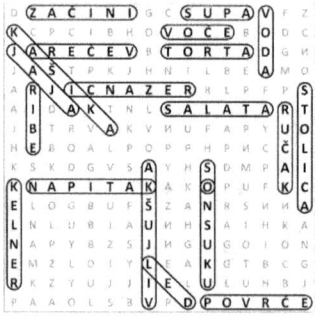

21 - Ökologie

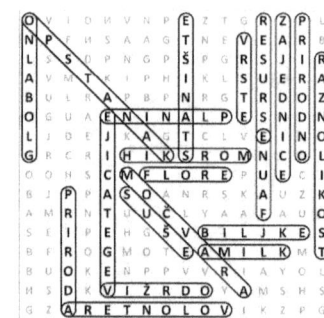

22 - Schokolade

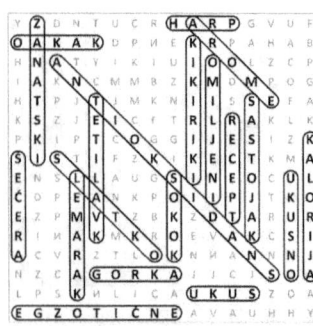

23 - Boote

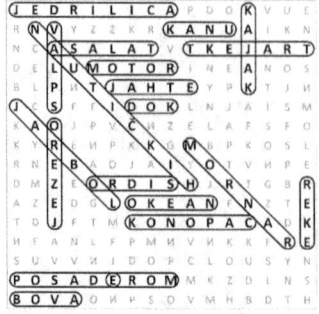

24 - Stadt

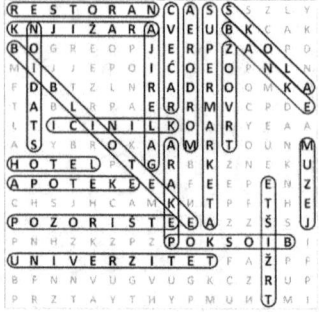

25 - Aktivitäten

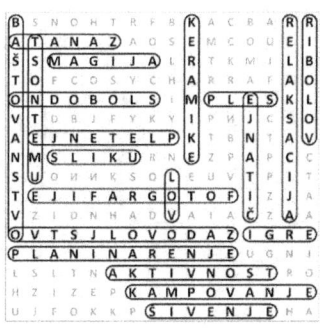

26 - Bienen

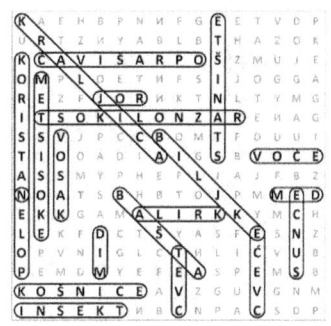

27 - Wissenschaftliche

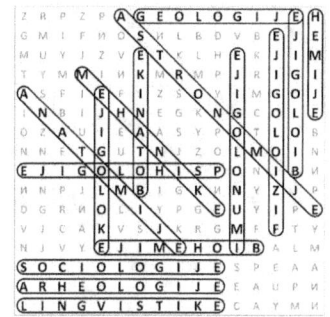

28 - Vögel

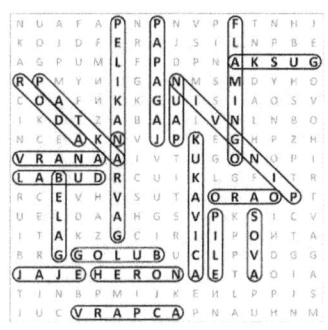

29 - Biologie

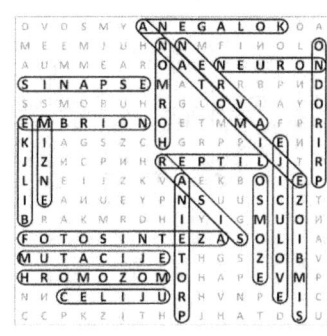

30 - Elektrizität

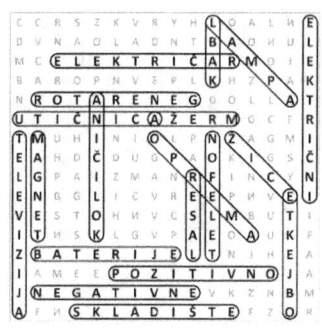

31 - Garten

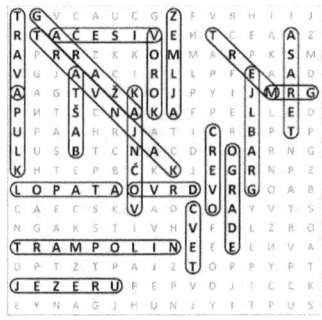

32 - Antarktis

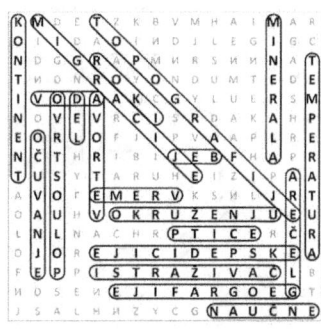

33 - Fahren

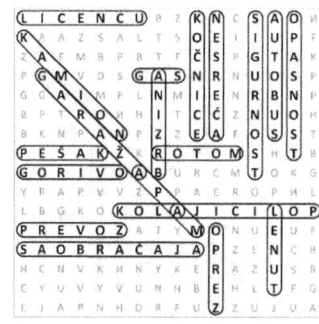

34 - Physik

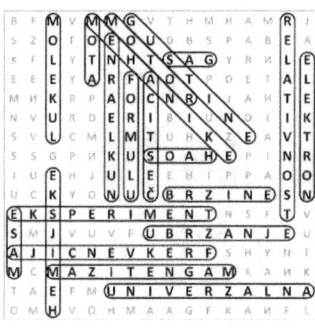

35 - Bücher

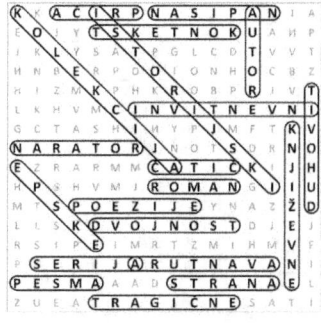

36 - Menschlicher Körper

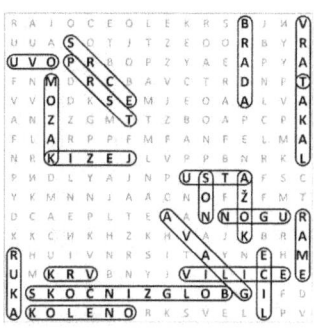

37 - Agronomie

38 - Landschaften

39 - Abenteuer

40 - Flugzeuge

41 - Haartypen

42 - Essen #1

43 - Ethik

44 - Gebäude

45 - Mode

46 - Angeln

47 - Essen #2

48 - Energie

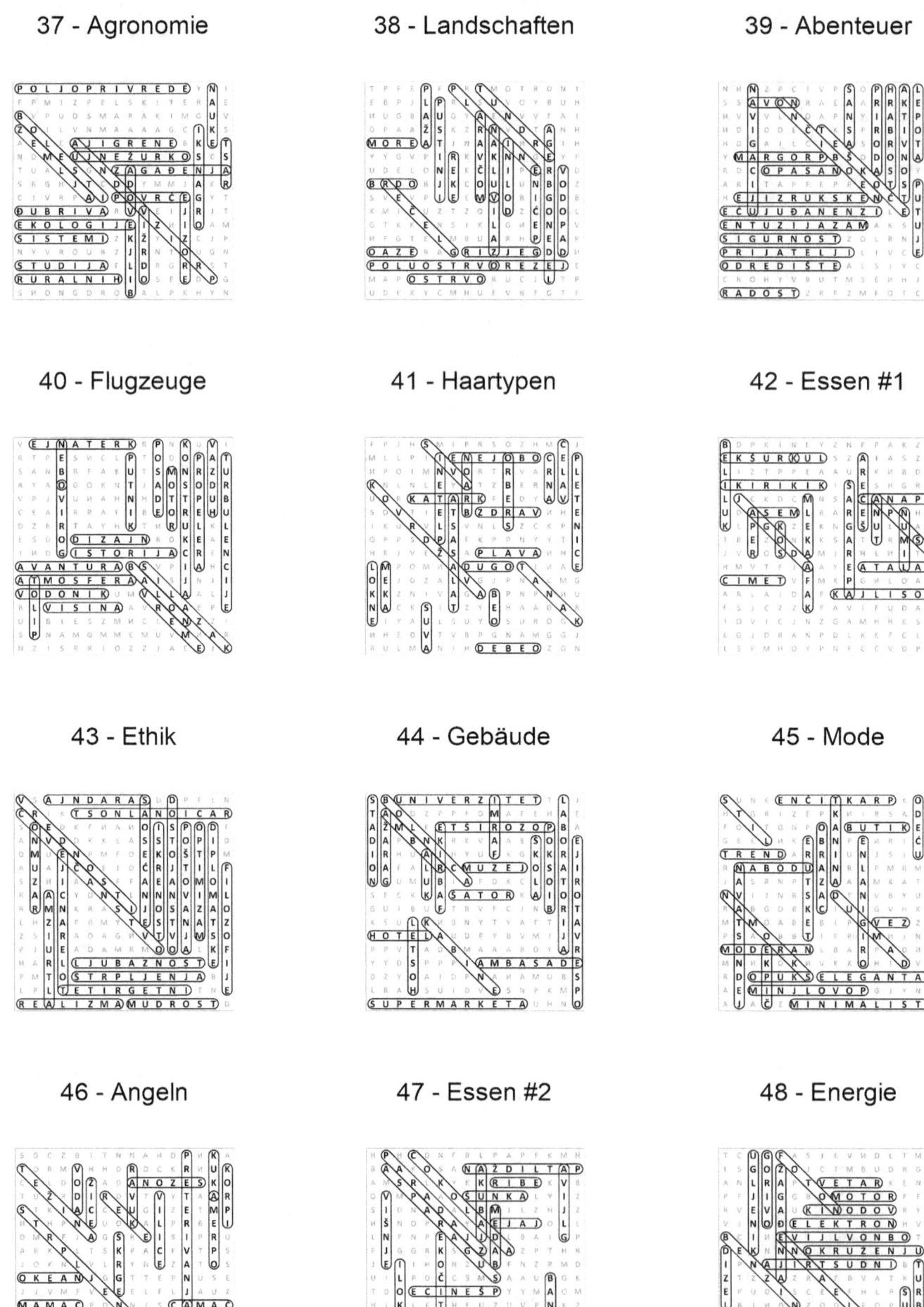

49 - Familie

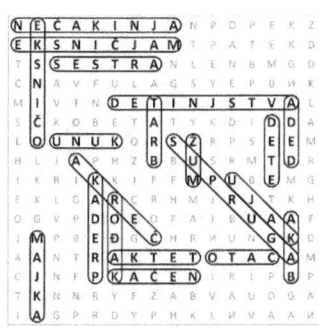

50 - Pflanzen

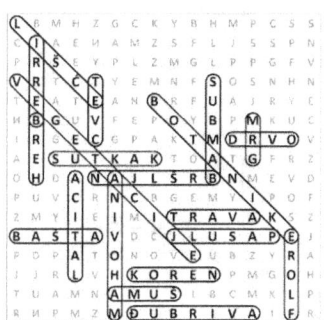

51 - Kunst

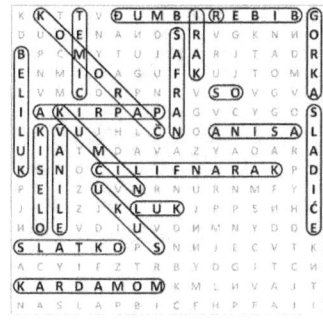

52 - Gewürze

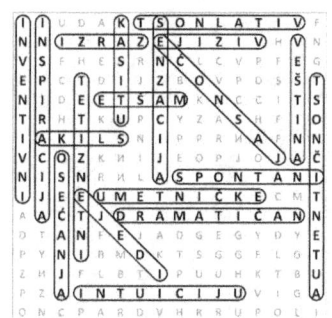

53 - Kreativität

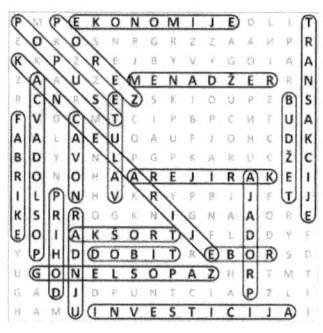

54 - Geschäft

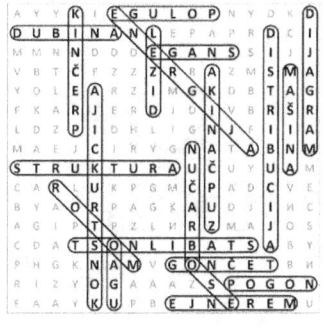

55 - Ingenieurwesen

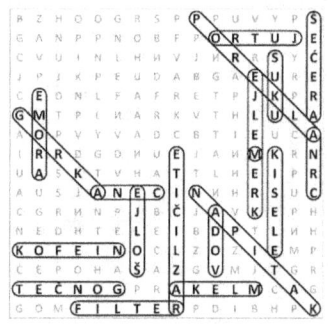

56 - Kaffee

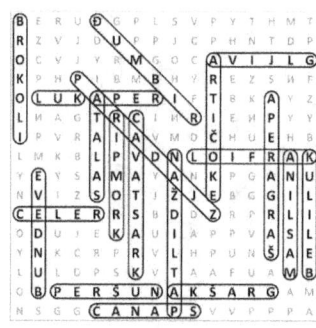

57 - Gemüse

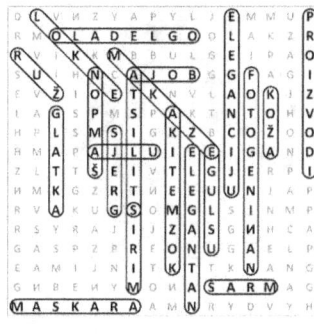

58 - Schönheit

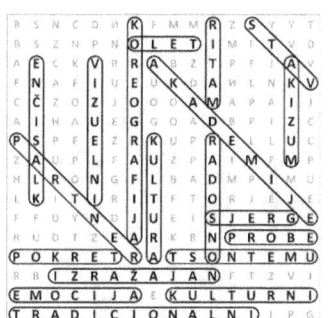

59 - Tanzen

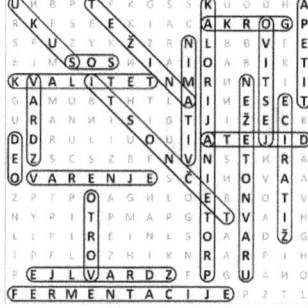

60 - Ernährung

61 - Länder #1

62 - Wasser

63 - Science Fiction

64 - Literatur

65 - Wandern

66 - Globale Erwärmung

67 - Länder #2

68 - Fahrzeuge

69 - Musikinstrumente

70 - Blumen

71 - Natur

72 - Urlaub #2

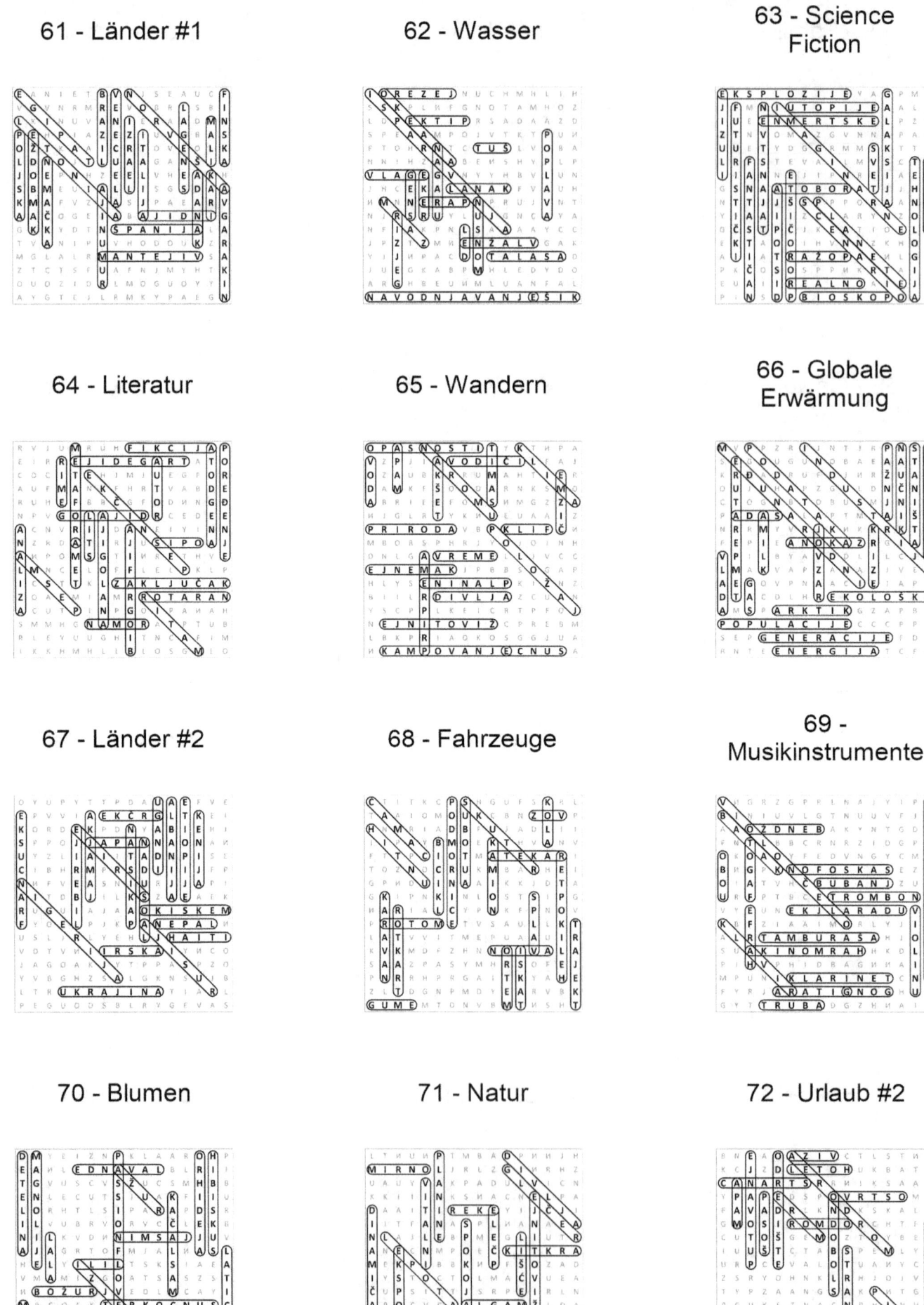

73 - Barbecues

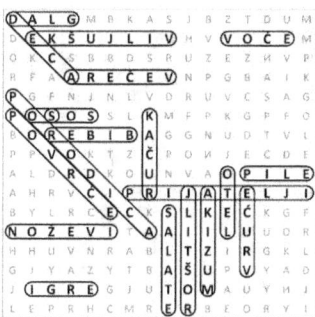

74 - Geographie

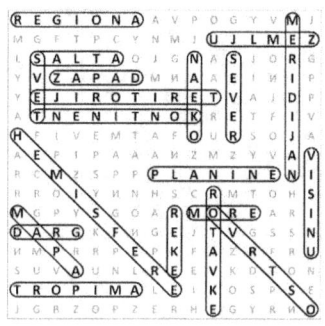

75 - Zahlen

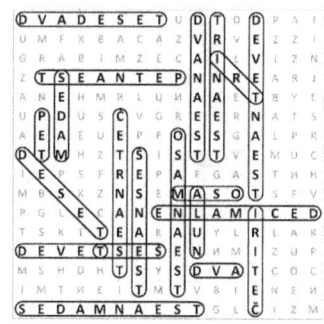

76 - Tage und Monate

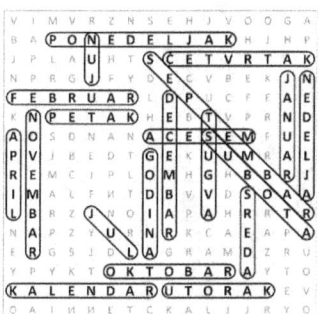

77 - Emotionen

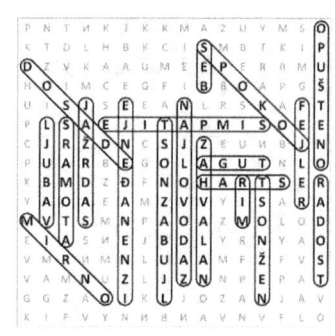

78 - Das Unternehmen

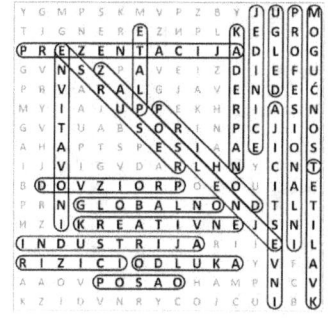

79 - Kräuterkunde

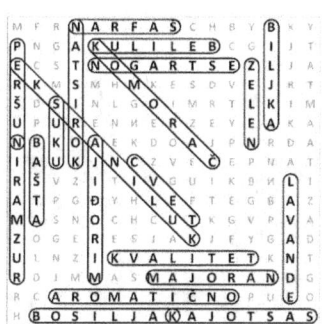

80 - Aktivitäten und Freizeit

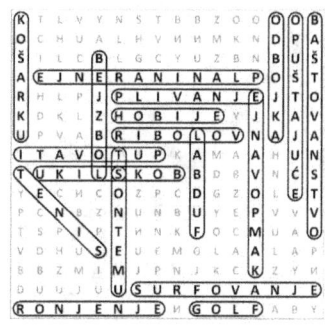

81 - Formen

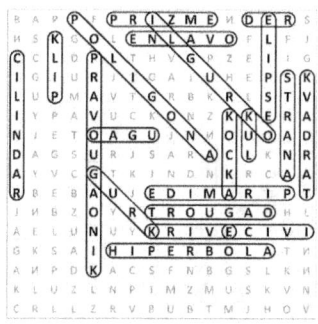

82 - Musik

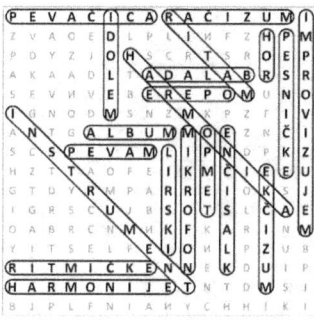

83 - Antiquitäten

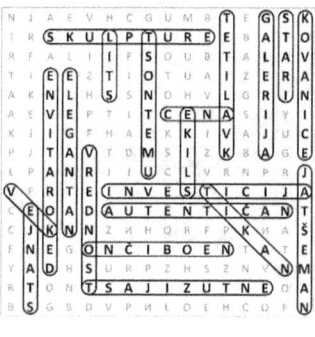

84 - Adjektive #2

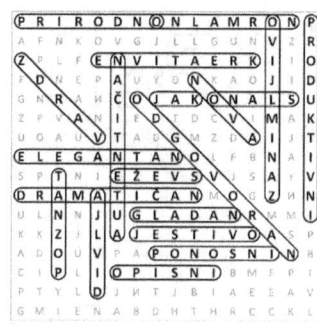

85 - Kleidung

86 - Haus

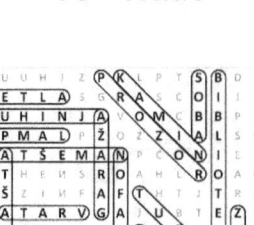

87 - Bauernhof #1

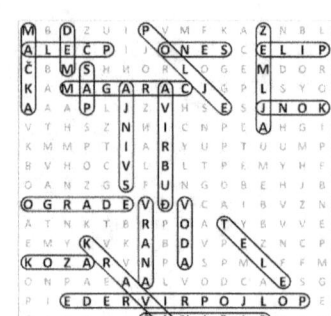

88 - Regierung

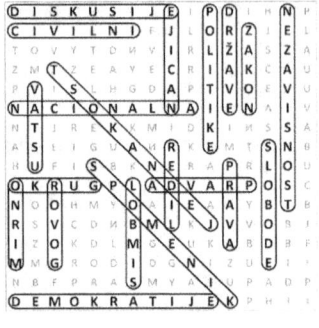

89 - Berufe #1

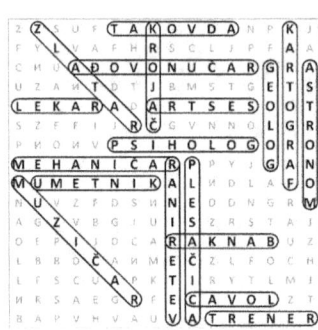

90 - Adjektive #1

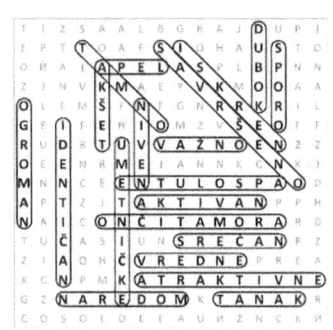

91 - Geometrie

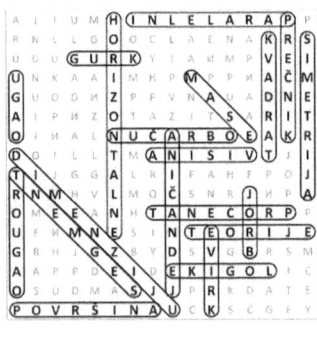

92 - Jazz

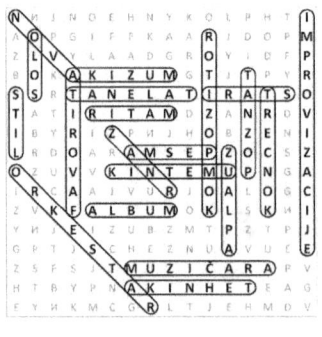

93 - Mathematik

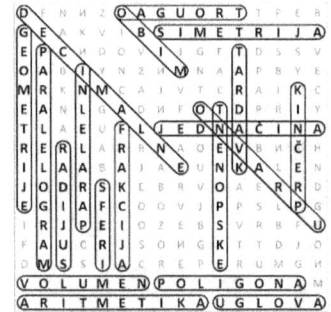

94 - Messungen

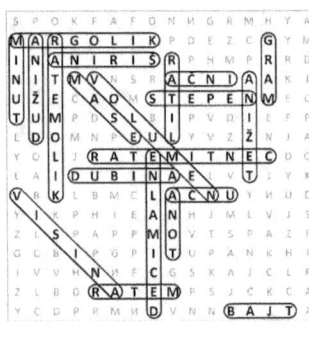

95 - Boxen

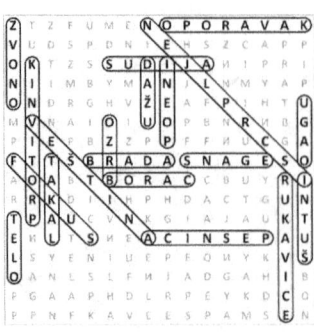

96 - Psychologie

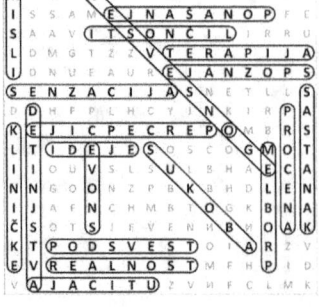

97 - Bauernhof #2

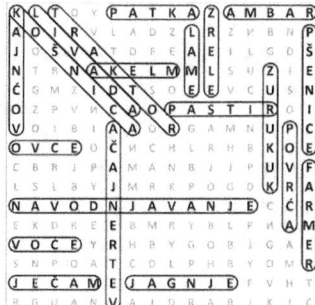

98 - Berufe #2

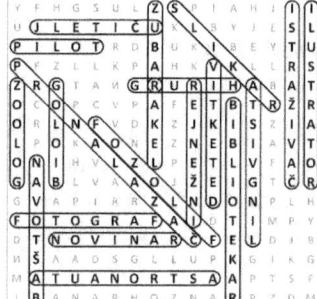

99 - Wetter

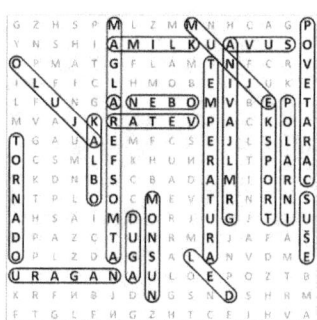

100 - Chemie

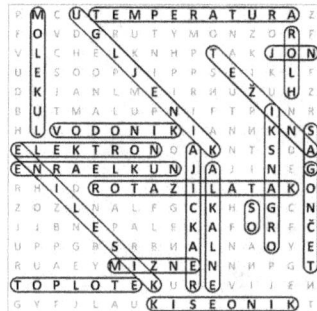

Wörterbuch

Abenteuer
Avantura

Aktivität	Aktivnost
Ausflug	Ekskurzije
Begeisterung	Entuzijazam
Chance	Šansa
Freude	Radost
Freunde	Prijatelji
Gefährlich	Opasan
Natur	Priroda
Navigation	Navigaciju
Neu	Nova
Reisen	Putuje
Route	Program
Schönheit	Lepota
Schwierigkeit	Teškoće
Sicherheit	Sigurnost
Tapferkeit	Hrabrost
Ungewöhnlich	Neobično
Überraschend	Iznenađujuće
Vorbereitung	Priprema
Ziel	Odredište

Adjektive #1
Придеви Бр.

Absolut	Apsolutne
Aktiv	Aktivan
Aromatisch	Aromatično
Attraktiv	Atraktivne
Dunkel	Tamno
Dünn	Tanak
Ehrlich	Iskren
Glücklich	Srećan
Identisch	Identičan
Künstlerisch	Umetničke
Langsam	Sporo
Modern	Moderan
Perfekt	Savršeno
Riesig	Ogroman
Schön	Lepa
Schwer	Teška
Tief	Dubok
Unschuldig	Nevin
Wertvoll	Vredne
Wichtig	Važno

Adjektive #2
Придеви Бр.

Authentisch	Autentičan
Berühmt	Poznat
Beschreibend	Opisni
Dramatisch	Dramatičan
Elegant	Elegantan
Essbar	Jestivo
Frisch	Sveže
Gesund	Zdrav
Hungrig	Gladan
Interessant	Zanimljivo
Kreativ	Kreativne
Natürlich	Prirodno
Neu	Nova
Normal	Normalno
Produktiv	Produktivni
Salzig	Slano
Stark	Jak
Stolz	Ponosni
Verantwortlich	Odgovoran
Wild	Divlja

Agronomie
Agronomija

Boden	Zemlja
Dünger	Đubriva
Energie	Energija
Erosion	Erozije
Gemüse	Povrće
Krankheit	Bolesti
Landwirtschaft	Poljoprivrede
Ländlich	Ruralnih
Nachhaltig	Održiv
Organisch	Organski
Ökologie	Ekologije
Pflanzen	Biljke
Produktion	Proizvodnja
Studie	Studija
Systeme	Sistemi
Umwelt	Okruženju
Verschmutzung	Zagađenja
Wachstum	Rast
Wasser	Voda
Wissenschaft	Nauke

Aktivitäten
Aktivnosti

Aktivität	Aktivnost
Angeln	Ribolov
Camping	Kampovanje
Entspannung	Relaksacija
Fotografie	Fotografije
Freizeit	Slobodno
Gartenarbeit	Baštovanstvo
Gemälde	Sliku
Jagd	Lov
Keramik	Keramike
Kunst	Umetnost
Kunsthandwerk	Zanata
Lesen	Čitanje
Magie	Magija
Nähen	Šivenje
Spiele	Igre
Stricken	Pletenje
Tanzen	Ples
Vergnügen	Zadovoljstvo
Wandern	Planinarenje

Aktivitäten und Freizeit
Aktivnosti i Slobodno Vr

Angeln	Ribolov
Baseball	Bejzbol
Basketball	Košarku
Boxen	Boks
Camping	Kampovanje
Entspannend	Opuštajuće
Fussball	Fudbal
Gartenarbeit	Baštovanstvo
Gemälde	Sliku
Golf	Golf
Hobbies	Hobije
Kunst	Umetnost
Reise	Putovati
Schwimmen	Plivanje
Surfen	Surfovanje
Tauchen	Ronjenje
Tennis	Tenis
Volleyball	Odbojka
Wandern	Planinarenje

Algebra
Algebra

Bruchteil	Frakcija
Diagramm	Dijagram
Exponent	Eksponent
Faktor	Faktor
Falsch	Lažne
Formel	Formulu
Gleichung	Jednačina
Graph	Graf
Klammern	Zagrada
Linear	Linearne
Lösen	Reši
Lösung	Rešenje
Matrix	Matrica
Menge	Količina
Null	Nula
Nummer	Broj
Problem	Problem
Subtraktion	Oduzimanje
Unendlich	Beskrajna
Variable	Promenljiva

Angeln
Ribolov

Ausrüstung	Oprema
Boot	Čamac
Draht	Žice
Flossen	Peraja
Fluss	Reke
Geduld	Strpljenja
Gewicht	Težina
Haken	Kuka
Jahreszeit	Sezona
Kiefer	Vilice
Kiemen	Škrge
Kochen	Kuvar
Korb	Korpi
Köder	Mamac
Ozean	Okean
See	Jezero
Strand	Plaža
Übertreibung	Preterivanja
Wasser	Voda

Antarktis
Антарктика

Bucht	Bej
Eis	Led
Erhaltung	Očuvanje
Expedition	Ekspedicije
Felsig	Roki
Forscher	Istraživač
Geographie	Geografije
Gletscher	Glečera
Halbinsel	Poluostrvo
Kontinent	Kontinent
Migration	Migracije
Mineralien	Minerala
Temperatur	Temperatura
Topographie	Topografije
Umwelt	Okruženju
Vögel	Ptice
Wasser	Voda
Wetter	Vreme
Wind	Vetrova
Wissenschaftlich	Naučne

Antiquitäten
Antikviteti

Alt	Stari
Authentisch	Autentičan
Dekorativ	Dekorativne
Elegant	Elegantan
Enthusiast	Entuzijast
Galerie	Galerija
Gemälde	Slike
Investition	Investicija
Jahrhundert	Vek
Kunst	Umetnost
Möbel	Nameštaj
Münzen	Kovanice
Preis	Cena
Qualität	Kvalitet
Schmuck	Nakit
Skulptur	Skulpture
Stil	Stil
Ungewöhnlich	Neobično
Wert	Vrednost
Zustand	Stanje

Archäologie
Arheologija

Analyse	Analiza
Antiquität	Antike
Auswertung	Procena
Ära	Ere
Experte	Ekspert
Forscher	Istraživač
Fossil	Fosil
Geheimnis	Misterija
Grab	Grobnica
Knochen	Kosti
Mannschaft	Tim
Nachkomme	Potomak
Objekte	Objekte
Professor	Profesor
Relikt	Relikvija
Tempel	Hram
Unbekannt	Nepoznat
Vergessen	Zaboravio
Zivilisation	Civilizacije

Astronomie
Astronomija

Asteroid	Asteroid
Astronaut	Astronauta
Astronom	Astronom
Erde	Zemlje
Himmel	Nebo
Komet	Kometa
Konstellation	Sazvežđe
Kosmos	Kosmos
Meteor	Meteor
Mond	Mesec
Nebel	Nebula
Observatorium	Opservatorije
Planet	Planete
Rakete	Raketa
Satellit	Satelit
Stern	Zvezda
Supernova	Supernova
Teleskop	Teleskop
Tierkreis	Zodijaka
Universum	Svemir

Ballett
Balet

Anmutig	Graciozan
Applaus	Aplauz
Ausdrucksvoll	Izražajan
Ballerina	Balerina
Choreographie	Koreografija
Fähigkeit	Veština
Geste	Gest
Intensität	Intenzitet
Komponist	Kompozitor
Künstlerisch	Umetničke
Musik	Muzika
Muskel	Mišića
Orchester	Orkestar
Probe	Probe
Publikum	Publike
Rhythmus	Ritam
Solo	Solo
Stil	Stil
Tänzer	Plesača
Technik	Tehnika

Barbecues
Роштиљ

Abendessen	Večera
Familie	Porodica
Freunde	Prijatelji
Frucht	Voće
Gabeln	Viljuške
Gemüse	Povrće
Grill	Roštilj
Heiss	Vruće
Huhn	Pile
Hunger	Glad
Kinder	Deca
Messer	Noževi
Mittagessen	Ručak
Musik	Muzika
Pfeffer	Biber
Salate	Salate
Salz	So
Sommer	Leto
Sosse	Sos
Spiele	Igre

Bauernhof #1
Фарма Бр.

Biene	Pčela
Dünger	Đubriva
Esel	Magarac
Feld	Polje
Heu	Seno
Honig	Med
Huhn	Pile
Hund	Pas
Kalb	Tele
Katze	Mačka
Krähe	Vrana
Kuh	Krava
Land	Zemlja
Landwirtschaft	Poljoprivrede
Pferd	Konj
Reis	Pirinač
Schwein	Svinja
Wasser	Voda
Zaun	Ograde
Ziege	Koza

Bauernhof #2
Фарма # 2

Bauer	Farmer
Bewässerung	Navodnjavanje
Bienenstock	Košnica
Ente	Patka
Frucht	Voće
Gemüse	Povrća
Gerste	Ječam
Lama	Lame
Lamm	Jagnje
Mais	Kukuruz
Milch	Mleka
Obstgarten	Voćnjak
Reif	Zrele
Schaf	Ovce
Schäfer	Pastir
Scheune	Ambar
Traktor	Traktor
Weizen	Pšenice
Wiese	Livada
Windmühle	Vetrenjača

Berufe #1
Професије Бр.

Arzt	Lekar
Astronom	Astronom
Bankier	Bankar
Botschafter	Ambasador
Buchhalter	Računovođa
Geologe	Geolog
Jäger	Lovac
Juwelier	Zlatar
Kartograph	Kartograf
Krankenschwester	Sestra
Künstler	Umetnik
Mechaniker	Mehaničar
Musiker	Muzičar
Pianist	Pijanista
Psychologe	Psiholog
Rechtsanwalt	Advokat
Schneider	Krojač
Tänzer	Plesačica
Tierarzt	Veterinar
Trainer	Trener

Berufe #2
Професије Бр.

Arzt	Lekar
Astronaut	Astronauta
Bibliothekar	Bibliotekar
Biologe	Biolog
Chirurg	Hirurg
Detektiv	Detektiv
Erfinder	Pronalazač
Forscher	Istraživač
Fotograf	Fotograf
Gärtner	Baštovan
Illustrator	Ilustrator
Ingenieur	Inženjer
Journalist	Novinar
Lehrer	Učitelj
Linguist	Lingvista
Maler	Slikar
Philosoph	Filozof
Pilot	Pilot
Zahnarzt	Zubar
Zoologe	Zoolog

Bienen
Pčele

Bestäuber	Oprašivač
Bienenkorb	Košnice
Blumen	Cveće
Blüte	Cvet
Flügel	Krila
Frucht	Voće
Garten	Bašta
Honig	Med
Insekt	Insekt
Königin	Kraljica
Lebensraum	Stanište
Ökosystem	Ekosistem
Pflanzen	Biljke
Pollen	Polen
Rauch	Dim
Schwarm	Roj
Sonne	Sunce
Vielfalt	Raznolikost
Vorteilhaft	Koristan
Wachs	Vosak

Bildende Kunst
Vizuelne Umetnosti

Architektur	Arhitektura
Bleistift	Olovka
Film	Film
Foto	Fotografija
Gemälde	Slikarstvo
Holzkohle	Ugalj
Keramik	Keramike
Kreativität	Kreativnost
Kreide	Krede
Künstler	Umetnik
Lack	Lak
Meisterwerk	Remek-Delo
Perspektive	Perspektive
Porträt	Portret
Schablone	Šablon
Skulptur	Skulpture
Staffelei	Stalak
Ton	Gline
Wachs	Vosak
Zusammensetzung	Sastav

Biologie
Biologija

Anatomie	Anatomije
Chromosom	Hromozom
Embryo	Embrion
Enzym	Enzim
Evolution	Evolucije
Hormon	Hormon
Kollagen	Kolagena
Mutation	Mutacije
Natürlich	Prirodno
Nerv	Nerva
Neuron	Neuron
Osmose	Osmoze
Pflanzen	Biljke
Photosynthese	Fotosinteza
Protein	Proteina
Reptil	Reptil
Säugetier	Sisar
Symbiose	Simbioze
Synapse	Sinapse
Zelle	Ćeliju

Blumen
Cveće

Blütenblatt	Latica
Gardenie	Gardenija
Gänseblümchen	Dejzi
Hibiskus	Hibiskus
Jasmin	Jasmin
Klee	Detelina
Lavendel	Lavande
Lila	Jorgovan
Lilie	Lili
Löwenzahn	Maslačak
Magnolie	Magnolije
Mohn	Maka
Orchidee	Orhideja
Passionsblume	Passionflover
Pfingstrose	Božur
Plumeria	Plumerija
Rose	Ruža
Sonnenblume	Suncokret
Strauss	Buket
Tulpe	Lala

Boote
Brodovi

Anker	Sidro
Boje	Bova
Crew	Posade
Dock	Dok
Fähre	Trajekt
Floss	Splav
Fluss	Reke
Kajak	Kajak
Kanu	Kanu
Mast	Jarbol
Meer	More
Motor	Motor
Nautisch	Nautičkih
Ozean	Okean
See	Jezero
Seemann	Mornar
Segelboot	Jedrilica
Seil	Konopac
Wellen	Talasa
Yacht	Jahte

Boxen
Boks

Ecke	Ugao
Ellbogen	Lakat
Erschöpft	Iscrpljen
Faust	Pesnica
Fähigkeit	Veština
Fokus	Fokus
Gegner	Protivnik
Glocke	Zvono
Handschuhe	Rukavice
Kämpfer	Borac
Kick	Šutni
Kinn	Brada
Körper	Telo
Punkte	Poeni
Recovery	Oporavak
Schiedsrichter	Sudija
Schnell	Brzo
Seile	Užad
Stärke	Snage

Bücher
Knjige

Abenteuer	Avantura
Autor	Autor
Dualität	Dvojnost
Episch	Epske
Erfinderisch	Inventivni
Erzähler	Narator
Gedicht	Pesma
Geschichte	Priča
Geschrieben	Napisan
Historisch	Istorijski
Humorvoll	Duhovit
Kollektion	Kolekcija
Kontext	Kontekst
Leser	Čitač
Literarisch	Književne
Poesie	Poezije
Roman	Roman
Seite	Strana
Serie	Serija
Tragisch	Tragične

Camping
Kampovanje

Abenteuer	Avantura
Berg	Planine
Feuer	Požar
Hängematte	Viseća
Hut	Šešir
Insekt	Insekt
Jagd	Lov
Kabine	Kabine
Kanu	Kanu
Karte	Mapa
Kompass	Kompas
Laterne	Fenjer
Mond	Mesec
Natur	Priroda
See	Jezero
Seil	Konopac
Spass	Zabava
Tiere	Životinje
Wald	Šuma
Zelt	Šator

Chemie
Hemija

Alkalisch	Alkalne
Chlor	Hlor
Elektron	Elektron
Enzym	Enzim
Flüssigkeit	Tečnog
Gas	Gas
Gewicht	Težina
Hitze	Toplote
Ion	Jon
Katalysator	Katalizator
Kohlenstoff	Ugljenik
Molekül	Molekul
Nuklear	Nuklearne
Organisch	Organski
Reaktion	Reakcija
Salz	So
Sauerstoff	Kiseonik
Säure	Kiseline
Temperatur	Temperatura
Wasserstoff	Vodonik

Das Unternehmen
Kompanija

Beschäftigung	Zaposlenje
Einheiten	Jedinice
Einnahmen	Prihod
Entscheidung	Odluka
Fortschritt	Napredak
Geschäft	Posao
Global	Globalno
Industrie	Industrija
Innovativ	Inovativne
Investition	Investicija
Kreativ	Kreativne
Löhne	Plate
Möglichkeit	Mogućnost
Präsentation	Prezentacija
Produkt	Proizvod
Professionell	Profesionalni
Qualität	Kvalitet
Ressourcen	Resurse
Risiken	Rizici
Ruf	Ugled

Diplomatie
Diplomatija

Ausländisch	Strani
Berater	Savetnik
Botschaft	Ambasade
Botschafter	Ambasador
Bürger	Građana
Diplomatisch	Diplomatske
Diskussion	Diskusije
Ethik	Etike
Gemeinschaft	Zajednica
Gerechtigkeit	Pravda
Humanitär	Humanitarne
Integrität	Integritet
Konflikt	Sukoba
Lösung	Rešenje
Politik	Politike
Regierung	Vlada
Sicherheit	Sigurnost
Sprachen	Jezika
Vertrag	Ugovora
Zusammenarbeit	Saradnja

Elektrizität
Електрична Енергија

Ausrüstung	Oprema
Batterie	Baterije
Drähte	Žice
Elektriker	Električar
Elektrisch	Električni
Fernsehen	Televizija
Generator	Generator
Kabel	Kabl
Lagerung	Skladište
Lampe	Lampa
Laser	Laser
Magnet	Magnet
Menge	Količina
Negativ	Negativne
Netzwerk	Mreža
Objekte	Objekte
Positiv	Pozitivno
Steckdose	Utičnica
Telefon	Telefon

Emotionen
Emocije

Angst	Strah
Beschämt	Sramota
Dankbar	Zahvalan
Entspannt	Opušteno
Freude	Radost
Freundlichkeit	Ljubaznost
Frieden	Mir
Inhalt	Sadržaj
Langeweile	Dosade
Liebe	Ljubav
Relief	Reljef
Ruhe	Spokoj
Ruhig	Mirno
Sympathie	Simpatije
Traurigkeit	Tuga
Überraschen	Iznenađenje
Wut	Bes
Zärtlichkeit	Nežnost
Zufrieden	Zadovoljan

Energie
Energija

Batterie	Baterije
Benzin	Benzin
Brennstoff	Gorivo
Diesel	Dizel
Elektrisch	Električni
Elektron	Elektron
Entropie	Entropije
Erneuerbar	Obnovljive
Hitze	Toplote
Industrie	Industrija
Kohlenstoff	Ugljenik
Motor	Motor
Nuklear	Nuklearne
Photon	Foton
Sonne	Sunce
Turbine	Turbinu
Umwelt	Okruženju
Verschmutzung	Zagađenja
Wasserstoff	Vodonik
Wind	Vetar

Ernährung
Ishrana

Appetit	Apetit
Ausgewogen	Uravnotežen
Bitter	Gorka
Diät	Dijeta
Essbar	Jestivo
Fermentation	Fermentacije
Flüssigkeiten	Tečnosti
Geschmack	Ukus
Gesund	Zdrav
Gesundheit	Zdravlje
Getreide	Žitarice
Gewicht	Težina
Kalorien	Kalorija
Portion	Deo
Proteine	Proteina
Qualität	Kvalitet
Sosse	Sos
Toxin	Otrov
Verdauung	Varenje
Vitamin	Vitamin

Essen #1
Храна Бр.

Basilikum	Bosiljak
Birne	Kruške
Erdbeere	Jagoda
Erdnuss	Kikiriki
Fleisch	Mesa
Kaffee	Kafa
Karotte	Šargarepa
Knoblauch	Beli Luk
Milch	Mleka
Rübe	Repa
Saft	Sok
Salat	Salata
Salz	So
Spinat	Spanać
Suppe	Supa
Thunfisch	Tuna
Zimt	Cimet
Zitrone	Limun
Zucker	Šećera
Zwiebel	Luk

Essen #2
Храна # 2

Apfel	Jabuka
Artischocke	Artičoke
Aubergine	Patlidžan
Banane	Banane
Brokkoli	Brokoli
Brot	Hleb
Ei	Jaje
Fisch	Ribe
Joghurt	Jogurt
Käse	Sir
Kirsche	Višnje
Mandel	Badem
Pilz	Gljiva
Reis	Pirinač
Schinken	Šunka
Schokolade	Čokolada
Sellerie	Celer
Spargel	Asparagus
Tomate	Paradajz
Weizen	Pšenice

Ethik
Etika

Altruismus	Altruizma
Diplomatisch	Diplomatske
Ehrlichkeit	Iskrenost
Freundlichkeit	Ljubaznost
Geduld	Strpljenja
Integrität	Integritet
Menschheit	Čovečanstvo
Mitgefühl	Saosećanje
Optimismus	Optimizam
Philosophie	Filozofije
Rationalität	Racionalnost
Realismus	Realizma
Respektvoll	Poštovanja
Toleranz	Tolerancije
Vernünftig	Razumno
Weisheit	Mudrost
Werte	Vrednosti
Würde	Dostojanstvo
Zusammenarbeit	Saradnja

Fahren
Vožnja

Auto	Kola
Bremsen	Kočnice
Brennstoff	Gorivo
Bus	Autobus
Fussgänger	Pešak
Garage	Garaža
Gas	Gas
Gefahr	Opasnost
Geschwindigkeit	Brzina
Karte	Mapa
Lizenz	Licencu
Lkw	Kamion
Motorrad	Motor
Polizei	Policija
Sicherheit	Sigurnost
Transport	Prevoz
Tunnel	Tunel
Unfall	Nesreća
Verkehr	Saobraćaja
Vorsicht	Oprez

Fahrzeuge
Vozila

Auto	Kola
Boot	Čamac
Bus	Autobus
Fahrrad	Bicikl
Fähre	Trajekt
Floss	Splav
Flugzeug	Avion
Hubschrauber	Helikopter
Krankenwagen	Hitnu
Lkw	Kamion
Motor	Motor
Rakete	Raketa
Reifen	Gume
Roller	Skuter
Taxi	Taksi
Traktor	Traktor
U-Bahn	Metro
U-Boot	Podmornice
Wohnwagen	Karavan
Zug	Voz

Familie
Porodica

Bruder	Brat
Ehefrau	Supruga
Ehemann	Muž
Enkel	Unuk
Grossmutter	Baka
Grossvater	Deda
Kind	Dete
Kindheit	Detinjstva
Mutter	Majka
Mütterlich	Majčinske
Neffe	Nećak
Nichte	Nećakinja
Onkel	Ujak
Schwester	Sestra
Tante	Tetka
Tochter	Ćerka
Vater	Otac
Väterlich	Očinske
Vetter	Rođak
Vorfahr	Predak

Flugzeuge
Avioni

Abenteuer	Avantura
Abstieg	Silazak
Atmosphäre	Atmosfera
Ballon	Balon
Brennstoff	Gorivo
Crew	Posade
Design	Dizajn
Geschichte	Istorija
Himmel	Nebo
Höhe	Visina
Konstruktion	Konstrukcija
Luft	Vazduh
Motor	Motor
Navigieren	Kretanje
Passagier	Putnik
Pilot	Pilot
Propeller	Propelera
Turbulenz	Turbulencije
Wasserstoff	Vodonik
Wetter	Vreme

Formen
Oblici

Bogen	Luk
Dreieck	Trougao
Ecke	Ugao
Ellipse	Elipse
Hyperbel	Hiperbola
Kanten	Ivice
Kegel	Klip
Kreis	Krug
Kurve	Krive
Linie	Red
Oval	Ovalne
Polygon	Poligona
Prisma	Prizme
Pyramide	Piramide
Quadrat	Kvadrat
Rechteck	Pravougaonik
Rund	Okrugli
Seite	Strana
Würfel	Kocka
Zylinder	Cilindar

Garten
Гарден

Bank	Klupa
Baum	Drvo
Blume	Cvet
Boden	Zemlja
Busch	Grm
Garage	Garaža
Garten	Bašta
Gras	Trava
Hängematte	Viseća
Obstgarten	Voćnjak
Rasen	Travnjak
Rechen	Grablje
Schaufel	Lopata
Schlauch	Crevo
Teich	Jezeru
Terrasse	Terasa
Trampolin	Trampolin
Unkraut	Korov
Veranda	Trem
Zaun	Ograde

Gebäude
Zgrade

Bauernhof	Farmi
Botschaft	Ambasade
Fabrik	Fabrike
Garage	Garaža
Herberge	Hostel
Hotel	Hotel
Kabine	Kabine
Kino	Bioskop
Krankenhaus	Bolnica
Labor	Laboratorija
Museum	Muzej
Observatorium	Opservatorije
Scheune	Ambar
Schule	Škola
Stadion	Stadion
Supermarkt	Supermarketa
Theater	Pozorište
Turm	Kula
Universität	Univerzitet
Zelt	Šator

Gemüse
Povrće

Artischocke	Artičoke
Aubergine	Patlidžan
Blumenkohl	Karfiol
Brokkoli	Brokoli
Erbse	Graška
Gurke	Krastavac
Ingwer	Đumbir
Karotte	Šargarepa
Kartoffel	Krompir
Knoblauch	Beli Luk
Kürbis	Bundeve
Olive	Maslina
Petersilie	Peršun
Pilz	Gljiva
Rübe	Repa
Salat	Salata
Sellerie	Celer
Spinat	Spanać
Tomate	Paradajz
Zwiebel	Luk

Geographie
Geografija

Atlas	Atlas
Äquator	Ekvator
Berg	Planine
Fluss	Reke
Gebiet	Teritorije
Hemisphäre	Hemisfere
Höhe	Visinu
Insel	Ostrvo
Karte	Mapa
Kontinent	Kontinent
Land	Zemlju
Meer	More
Meridian	Meridijan
Norden	Sever
Ozean	Okean
Region	Regiona
Stadt	Grad
Tropen	Tropima
Welt	Svet
West	Zapad

Geologie
Geologija

Erdbeben	Zemljotres
Erosion	Erozije
Fossil	Fosil
Geschmolzen	Rastopljeni
Geysir	Gejzir
Höhle	Kaverna
Kalzium	Kalcijum
Kontinent	Kontinent
Koralle	Koral
Lava	Lava
Mineralien	Minerala
Plateau	Plato
Quarz	Kvarc
Salz	So
Säure	Kiseline
Stalagmiten	Stalagmita
Stalaktit	Stalaktit
Stein	Kamen
Vulkan	Vulkan
Zone	Zoni

Geometrie
Geometrija

Anteil	Procenat
Berechnung	Obračun
Dimension	Dimenziju
Dreieck	Trougao
Durchmesser	Prečnik
Gleichung	Jednačina
Horizontal	Horizontalne
Höhe	Visina
Kreis	Krug
Kurve	Krive
Logik	Logike
Masse	Mase
Nummer	Broj
Oberfläche	Površina
Parallel	Paralelni
Quadrat	Kvadrat
Segment	Segment
Symmetrie	Simetrija
Theorie	Teorije
Winkel	Ugao

Geschäft
Biznis

Arbeitgeber	Poslodavca
Budget	Budžet
Büro	Kancelarije
Einkommen	Prihod
Fabrik	Fabrike
Geld	Novac
Geschäft	Radnju
Gewinn	Dobit
Investition	Investicija
Karriere	Karijera
Kosten	Troška
Manager	Menadžer
Mitarbeiter	Zaposlenog
Rabatt	Popust
Steuern	Porez
Transaktion	Transakcije
Verkauf	Prodaja
Ware	Robe
Währung	Valute
Wirtschaft	Ekonomije

Gesundheit und Wellness #1
Zdravlje i Vellness #1

Aktiv	Aktivan
Apotheke	Apoteke
Arzt	Lekar
Bakterien	Bakterija
Behandlung	Tretman
Entspannung	Relaksacija
Fraktur	Prelom
Gewohnheit	Navika
Haut	Koža
Höhe	Visina
Hunger	Glad
Klinik	Klinici
Knochen	Kosti
Medizin	Lek
Medizinisch	Lekarski
Nerven	Živaca
Reflex	Refleks
Therapie	Terapija
Verletzung	Povreda
Virus	Virus

Gesundheit und Wellness #2
Zdravlje i Vellness #2

Allergie	Alergije
Anatomie	Anatomije
Appetit	Apetit
Blut	Krv
Diät	Dijeta
Energie	Energija
Genetik	Genetike
Gesund	Zdrav
Gewicht	Težina
Hygiene	Higijene
Infektion	Infekcije
Kalorie	Kalorija
Krankenhaus	Bolnica
Krankheit	Bolest
Massage	Masaža
Risiken	Rizici
Schlafen	San
Sport	Sport
Stress	Stres
Vitamin	Vitamin

Gewürze
Začini

Anis	Anisa
Bitter	Gorka
Curry	Kari
Fenchel	Komorač
Geschmack	Ukus
Ingwer	Đumbir
Kardamom	Kardamom
Knoblauch	Beli Luk
Kreuzkümmel	Kumin
Lakritze	Sladiće
Nelke	Karanfilić
Paprika	Paprika
Pfeffer	Biber
Safran	Šafran
Salz	So
Sauer	Kiselo
Süss	Slatko
Vanille	Vanile
Zimt	Cimet
Zwiebel	Luk

Globale Erwärmung
Globalno Zagrevanje

Arktis	Arktik
Aufmerksamkeit	Pažnja
Bevölkerung	Populacije
Daten	Podataka
Energie	Energija
Entwicklung	Razvoj
Gas	Gas
Generationen	Generacije
Gesetzgebung	Zakona
Industrie	Industrija
International	Međunarodni
Jetzt	Sada
Klima	Klima
Krise	Krize
Lebensraum	Staništa
Regierung	Vlada
Temperaturen	Temperature
Umwelt	Ekološka
Wissenschaftler	Naučnik
Zukunft	Budućnost

Haartypen
Tipovi Kose

Blond	Plava
Braun	Braon
Dick	Debeo
Dünn	Tanak
Farbig	Obojene
Geflochten	Pleteni
Gesund	Zdrav
Grau	Siva
Kahl	Ćelav
Kurz	Kratak
Lang	Dugo
Locken	Lokne
Lockig	Kovrdžava
Schwarz	Crna
Silber	Srebro
Trocken	Suva
Weich	Meka
Weiss	Beo
Wellig	Talasasta
Zöpfe	Pletenice

Haus
Kuća

Besen	Metla
Bibliothek	Biblioteke
Dach	Krov
Dachboden	Tavanu
Decke	Plafon
Dusche	Tuš
Fenster	Prozor
Garage	Garaža
Garten	Bašta
Kamin	Kamin
Küche	Kuhinja
Lampe	Lampa
Möbel	Nameštaj
Schlafzimmer	Sobi
Schornstein	Dimnjak
Spiegel	Ogledalo
Tür	Vrata
Wand	Zid
Zaun	Ograde
Zimmer	Soba

Ingenieurwesen
Инжењерска Уметност

Achse	Ose
Antrieb	Pogon
Berechnung	Obračun
Diagramm	Dijagram
Diesel	Dizel
Durchmesser	Prečnik
Energie	Energija
Flüssigkeit	Tečnog
Getriebe	Zupčanika
Hebel	Poluge
Konstruktion	Konstrukcija
Maschine	Mašina
Messung	Merenje
Motor	Motor
Stabilität	Stabilnost
Stärke	Snage
Struktur	Struktura
Tiefe	Dubina
Verteilung	Distribucija
Winkel	Ugao

Jazz
Džez

Album	Album
Alt	Stari
Applaus	Aplauz
Berühmt	Poznat
Favoriten	Favorita
Genre	Žanr
Improvisation	Improvizacije
Komponist	Kompozitor
Konzert	Koncert
Künstler	Umetnik
Lied	Pesma
Musik	Muzika
Musiker	Muzičara
Neu	Nova
Orchester	Orkestar
Rhythmus	Ritam
Solo	Solo
Stil	Stil
Talent	Talenat
Technik	Tehnika

Kaffee
Kafa

Aroma	Arome
Bitter	Gorka
Creme	Krem
Filter	Filter
Flüssigkeit	Tečnog
Geschmack	Ukus
Getränk	Napitak
Koffein	Kofein
Mahlen	Melje
Milch	Mleka
Morgen	Jutro
Preis	Cena
Sauer	Kisele
Schwarz	Crna
Tasse	Šolje
Ursprung	Porekla
Vielfalt	Različite
Wasser	Voda
Zucker	Šećera

Kleidung
Odeća

Armband	Narukvica
Bluse	Bluza
Gürtel	Pojas
Halskette	Ogrlica
Handschuhe	Rukavice
Hemd	Košulja
Hose	Pantalone
Hut	Šešir
Jacke	Jaknu
Jeans	Farmerke
Kleid	Haljina
Mantel	Kaput
Mode	Moda
Pullover	Džemper
Rock	Suknja
Schal	Šal
Schlafanzug	Pidžame
Schmuck	Nakit
Schuh	Cipela
Schürze	Kecelja

Krankheit
Bolest

Abdominal	Trbušnjaci
Allergien	Alergije
Ansteckend	Zarazne
Atemwege	Respiratorna
Bakteriell	Bakterija
Chronisch	Hronične
Entzündung	Upalu
Erblich	Nasledne
Genetisch	Genetske
Gesundheit	Zdravlje
Herz	Srce
Immunität	Imunitet
Knochen	Kosti
Körper	Telo
Neuropathie	Neuropatija
Schwach	Slab
Sinus	Sinusa
Syndrom	Sindrom
Therapie	Terapija
Wellness	Vellness

Kräuterkunde
Herbalizam

Aromatisch	Aromatično
Basilikum	Bosiljak
Blume	Cvet
Dill	Mirođija
Estragon	Estragon
Fenchel	Komorač
Garten	Bašta
Geschmack	Ukus
Grün	Zelen
Knoblauch	Beli Luk
Kulinarisch	Kulinarske
Lavendel	Lavande
Majoran	Majoran
Petersilie	Peršun
Pflanze	Biljka
Qualität	Kvalitet
Rosmarin	Ruzmarin
Safran	Šafran
Vorteilhaft	Koristan
Zutat	Sastojak

Kreativität
Kreativnost

Ausdruck	Izraz
Authentizität	Autentičnost
Bild	Slika
Dramatisch	Dramatičan
Eindruck	Utisak
Erfinderisch	Inventivni
Fähigkeit	Veština
Gefühle	Osećanja
Ideen	Ideje
Inspiration	Inspiracija
Intensität	Intenzitet
Intuition	Intuiciju
Klarheit	Jasnoće
Künstlerisch	Umetničke
Phantasie	Mašte
Sensation	Senzacija
Spontan	Spontani
Visionen	Vizije
Vitalität	Vitalnost

Kunst
Umetnost

Ausdruck	Izraz
Ehrlich	Iskren
Einfach	Jednostavan
Gegenstand	Tema
Gemälde	Slike
Inspiriert	Inspirisan
Keramik	Keramičke
Komplex	Kompleks
Original	Originalne
Persönlich	Lični
Poesie	Poezije
Porträtieren	Portret
Schaffen	Stvoriti
Skulptur	Skulpture
Stimmung	Raspoloženje
Surrealismus	Nadrealizam
Symbol	Simbol
Visuell	Vizuelni
Zusammensetzung	Sastav

Landschaften
Pejzaži

Berg	Planine
Eisberg	Ledenog Brega
Fluss	Reke
Geysir	Gejzir
Gletscher	Glečer
Golf	Zaliv
Halbinsel	Poluostrvo
Höhle	Pećine
Hügel	Brdo
Insel	Ostrvo
Meer	More
Oase	Oaze
See	Jezero
Strand	Plaža
Sumpf	Močvara
Tal	Dolini
Tundra	Tundre
Vulkan	Vulkan
Wasserfall	Vodopad
Wüste	Pustinji

Länder #1
Zemlje #1

Ägypten	Egipat
Brasilien	Brazil
Deutschland	Nemačka
Finnland	Finska
Indien	Indija
Irak	Irak
Israel	Izrael
Italien	Italija
Kambodscha	Kambodže
Kanada	Kanada
Lettland	Letonija
Mali	Mali
Nicaragua	Nikaragva
Norwegen	Norveška
Polen	Poljska
Rumänien	Rumunija
Senegal	Senegal
Spanien	Španija
Venezuela	Venecuela
Vietnam	Vijetnam

Länder #2
Zemlje #2

Albanien	Albanija
Äthiopien	Etiopije
Frankreich	Francuske
Griechenland	Grčke
Haiti	Haiti
Irland	Irska
Jamaika	Jamajka
Japan	Japan
Kenia	Kenija
Laos	Laos
Liberia	Liberije
Mexiko	Meksiko
Nepal	Nepal
Nigeria	Nigerija
Pakistan	Pakistan
Russland	Rusija
Sudan	Sudan
Syrien	Sirije
Uganda	Ugandi
Ukraine	Ukrajina

Literatur
Književnost

Analogie	Analogija
Analyse	Analiza
Anekdote	Anegdota
Autor	Autor
Beschreibung	Opis
Biographie	Biografija
Dialog	Dijalog
Erzähler	Narator
Fiktion	Fikcija
Gedicht	Pesma
Metapher	Metafora
Poetisch	Pesničke
Reim	Rime
Rhythmus	Ritam
Roman	Roman
Schlussfolgerung	Zaključak
Stil	Stil
Thema	Tema
Tragödie	Tragedije
Vergleich	Poređenje

Mathematik
Matematike

Arithmetik	Aritmetika
Bruchteil	Frakcija
Dezimal	Decimalne
Dreieck	Trougao
Durchmesser	Prečnik
Exponent	Eksponent
Geometrie	Geometrije
Gleichung	Jednačina
Kugel	Sferi
Parallel	Paralelni
Parallelogramm	Paralelogram
Polygon	Poligona
Quadrat	Kvadrat
Radius	Radijus
Rechteck	Pravougaonik
Senkrecht	Upravno
Symmetrie	Simetrija
Umfang	Obim
Volumen	Volumen
Winkel	Uglova

Meditation
Meditacija

Annahme	Prihvatanje
Atmung	Disanje
Aufmerksamkeit	Pažnja
Bewegung	Pokret
Dankbarkeit	Zahvalnost
Freundlichkeit	Ljubaznost
Frieden	Mir
Gedanken	Misli
Geistig	Mentalne
Glück	Sreća
Klarheit	Jasnoće
Lehre	Učenja
Mitgefühl	Saosećanje
Musik	Muzika
Natur	Priroda
Perspektive	Perspektive
Ruhig	Mirno
Stille	Tišina
Verstand	Um
Wach	Budan

Menschlicher Körper
Ljudsko Telo

Bein	Nogu
Blut	Krv
Ellbogen	Lakat
Finger	Prst
Gehirn	Mozak
Gesicht	Lice
Hals	Vrat
Hand	Ruka
Haut	Koža
Herz	Srce
Kiefer	Vilice
Kinn	Brada
Knie	Koleno
Knöchel	Skočni Zglob
Kopf	Glava
Mund	Usta
Nase	Nos
Ohr	Uvo
Schulter	Rame
Zunge	Jezik

Messungen
Меасурементс

Breite	Širina
Byte	Bajt
Dezimal	Decimalne
Gewicht	Težina
Grad	Stepen
Gramm	Gram
Höhe	Visina
Kilogramm	Kilogram
Kilometer	Kilometar
Länge	Dužina
Liter	Litar
Masse	Mase
Meter	Metar
Minute	Minut
Tiefe	Dubina
Tonne	Tona
Unze	Unca
Volumen	Volumen
Zentimeter	Centimetar
Zoll	Inča

Mode
Moda

Bescheiden	Skroman
Boutique	Butik
Einfach	Jednostavan
Elegant	Elegantan
Erschwinglich	Povoljnim
Kleidung	Odeću
Komfortabel	Udoban
Minimalistisch	Minimalista
Modern	Moderan
Muster	Obrazac
Original	Originalne
Praktisch	Praktične
Spitze	Čipke
Stickerei	Vez
Stil	Stil
Stoff	Tkanina
Tasten	Dugmad
Teuer	Skupo
Textur	Teksture
Trend	Trend

Musik
Muzika

Album	Album
Ballade	Balada
Chor	Hor
Harmonie	Harmonije
Harmonisch	Harmonika
Improvisieren	Improvizujem
Instrument	Instrument
Klassisch	Klasične
Lyrisch	Lirski
Melodie	Melodi
Mikrofon	Mikrofon
Musical	Muzičke
Musiker	Muzičar
Oper	Opere
Poetisch	Pesničke
Rhythmisch	Ritmičke
Rhythmus	Ritam
Sänger	Pevačica
Singen	Pevam
Tempo	Tempo

Musikinstrumente
Muzički Instrumenti

Banjo	Bendžo
Cello	Violončelo
Drumsticks	Batak
Fagott	Fagot
Flöte	Flauta
Geige	Violinu
Gitarre	Gitara
Gong	Gong
Harfe	Harfe
Klarinette	Klarinet
Klavier	Klavir
Mandoline	Mandolina
Mundharmonika	Harmonika
Oboe	Obou
Posaune	Trombon
Saxophon	Saksofon
Schlagzeug	Udaraljke
Tamburin	Tamburaša
Trommel	Bubanj
Trompete	Truba

Mythologie
Mitologija

Archetyp	Arhetip
Blitz	Munje
Donner	Grmljavina
Eifersucht	Ljubomore
Held	Heroj
Himmel	Nebesa
Katastrophe	Katastrofe
Kreation	Stvaranje
Kreatur	Stvorenje
Krieger	Ratnik
Kultur	Kultura
Labyrinth	Lavirint
Legende	Legenda
Magisch	Magične
Monster	Čudovište
Rache	Osveta
Stärke	Snage
Sterblich	Smrtni
Unsterblichkeit	Besmrtnost
Verhalten	Ponašanje

Natur
Priroda

Arktis	Arktik
Berge	Planine
Bienen	Pčele
Dynamisch	Dinamičan
Erosion	Erozije
Fluss	Reke
Friedlich	Mirno
Gletscher	Glečer
Heiligtum	Svetilište
Heiter	Spokojan
Laub	Lišće
Lebenswichtig	Vitalni
Nebel	Magla
Schönheit	Lepota
Schutz	Sklonište
Tiere	Životinje
Tropisch	Tropske
Wald	Šuma
Wild	Divlja
Wüste	Pustinji

Obst
Voće

Ananas	Ananas
Apfel	Jabuka
Aprikose	Kajsije
Avocado	Avokado
Banane	Banane
Beere	Berri
Birne	Kruške
Brombeere	Kupina
Himbeere	Maline
Kirsche	Višnje
Kiwi	Kivi
Kokosnuss	Kokos
Melone	Dinja
Nektarine	Nektarina
Orange	Pomorandža
Papaya	Papaja
Pfirsich	Breskve
Pflaume	Plam
Traube	Grožđa
Zitrone	Limun

Ozean
Okeana

Aal	Jegulja
Auster	Ostriga
Boot	Čamac
Delfin	Delfin
Fisch	Ribe
Garnele	Škampi
Gezeiten	Plime
Hai	Ajkula
Koralle	Koral
Krabbe	Kraba
Krake	Hobotnice
Qualle	Meduza
Riff	Greben
Salz	So
Schildkröte	Kornjača
Schwamm	Sunđer
Sturm	Oluja
Thunfisch	Tuna
Wal	Kit
Wellen	Talasa

Ökologie
Ekologija

Art	Vrste
Berge	Planine
Dürre	Suše
Fauna	Faune
Flora	Flore
Freiwillige	Volontera
Gemeinschaft	Zajednice
Global	Globalno
Klima	Klima
Lebensraum	Stanište
Marine	Morskih
Nachhaltig	Održiv
Natur	Priroda
Natürlich	Prirodno
Pflanzen	Biljke
Ressourcen	Resurse
Sumpf	Močvara
Überleben	Opstanak
Vegetation	Vegetacije
Vielfalt	Raznolikost

Pflanzen
Biljke

Bambus	Bambus
Baum	Drvo
Beere	Berri
Blume	Cvet
Blütenblatt	Latica
Bohne	Pasulj
Botanik	Botanike
Busch	Grm
Dünger	Đubriva
Efeu	Bršljan
Flora	Flore
Garten	Bašta
Gras	Trava
Kaktus	Kaktus
Kraut	Herb
Laub	Lišće
Moos	Mahovina
Vegetation	Vegetacije
Wald	Šuma
Wurzel	Koren

Physik
Fizika

Atom	Atom
Beschleunigung	Ubrzanje
Chaos	Haos
Chemisch	Hemijske
Dichte	Gustine
Elektron	Elektron
Experiment	Eksperiment
Formel	Formulu
Frequenz	Frekvencija
Gas	Gas
Geschwindigkeit	Brzine
Magnetismus	Magnetizam
Masse	Mase
Mechanik	Mehanike
Molekül	Molekul
Motor	Motor
Nuklear	Nuklearne
Partikel	Čestica
Relativität	Relativnost
Universal	Univerzalna

Psychologie
Psihologija

Bewertung	Procena
Bewusstlos	Nesvesno
Ego	Ego
Einflüsse	Uticaja
Gedanken	Misli
Ideen	Ideje
Kindheit	Detinjstva
Klinisch	Kliničke
Kognition	Spoznaje
Konflikt	Sukoba
Persönlichkeit	Ličnosti
Problem	Problem
Sensation	Senzacija
Termin	Sastanak
Therapie	Terapija
Träume	Snove
Unterbewusstsein	Podsvest
Verhalten	Ponašanje
Wahrnehmung	Percepcije
Wirklichkeit	Realnost

Regierung
Vlade

Bezirk	Okrug
Demokratie	Demokratije
Denkmal	Spomenik
Diskussion	Diskusije
Freiheit	Slobode
Friedlich	Mirno
Führer	Lider
Gerechtigkeit	Pravda
Gesetz	Zakon
Gleichheit	Jednakost
Nation	Nacije
National	Nacionalna
Politik	Politike
Rechte	Prava
Rede	Govor
Staat	Države
Symbol	Simbol
Unabhängigkeit	Nezavisnost
Verfassung	Ustav
Zivil	Civilni

Restaurant #2
Ресторан № 2

Abendessen	Večera
Eier	Jaja
Eis	Led
Fisch	Ribe
Frucht	Voće
Gabel	Viljuška
Gemüse	Povrće
Getränk	Napitak
Gewürze	Začini
Kellner	Kelner
Köstlich	Ukusno
Kuchen	Torta
Löffel	Kašika
Mittagessen	Ručak
Nudeln	Rezanci
Salat	Salata
Salz	So
Stuhl	Stolica
Suppe	Supa
Wasser	Voda

Säugetiere
Sisari

Affe	Majmun
Bär	Medved
Biber	Dabar
Elefant	Slon
Fuchs	Lisica
Giraffe	Žirafa
Gorilla	Gorila
Hund	Pas
Känguru	Kengur
Kojote	Kojota
Löwe	Lav
Panther	Panter
Pferd	Konj
Ratte	Pacov
Schaf	Ovce
Stier	Bik
Tiger	Tigar
Wal	Kit
Wolf	Vuk
Zebra	Zebra

Schokolade
Čokolada

Antioxidans	Antioksidans
Aroma	Arome
Bitter	Gorka
Erdnüsse	Kikiriki
Exotisch	Egzotične
Favorit	Omiljeni
Geschmack	Ukus
Handwerklich	Zanatski
Kakao	Kakao
Kalorien	Kalorija
Karamell	Karamel
Kokosnuss	Kokos
Köstlich	Ukusno
Pulver	Prah
Qualität	Kvalitet
Rezept	Recept
Süss	Slatko
Zucker	Šećera
Zutat	Sastojak

Schönheit
Lepota

Anmut	Grejs
Charme	Šarm
Dienstleistungen	Usluge
Duft	Miris
Elegant	Elegantan
Eleganz	Eleganciju
Farbe	Boja
Fotogen	Fotogeniиan
Glatt	Glatka
Haut	Koža
Kosmetik	Kozmetika
Lippenstift	Ruž
Locken	Lokne
Öle	Ulja
Produkte	Proizvodi
Schere	Makaze
Shampoo	Šampon
Spiegel	Ogledalo
Stylist	Stilista
Wimperntusche	Maskara

Science Fiction
Naučna Fantastika

Bücher	Knjige
Dystopie	Distopija
Explosion	Eksplozije
Extrem	Ekstremne
Fantastisch	Fantastičan
Feuer	Požar
Futuristisch	Futuristički
Galaxie	Galaksija
Geheimnisvoll	Tajanstven
Illusion	Iluzije
Imaginär	Imaginarne
Kino	Bioskop
Orakel	Proročište
Planet	Planete
Realistisch	Realno
Roboter	Robota
Szenario	Scenario
Technologie	Tehnologija
Utopie	Utopije
Welt	Svet

Stadt
Grad

Apotheke	Apoteke
Bank	Banke
Bäckerei	Pekara
Bibliothek	Biblioteke
Blumenhändler	Cvećar
Buchhandlung	Knjižara
Flughafen	Aerodrom
Galerie	Galerija
Hotel	Hotel
Kino	Bioskop
Klinik	Klinici
Markt	Tržište
Museum	Muzej
Restaurant	Restoran
Schule	Škola
Stadion	Stadion
Supermarkt	Supermarketa
Theater	Pozorište
Universität	Univerzitet
Zoo	Zoo Vrt

Tage und Monate
Dani i Meseci

April	April
August	Avgust
Dezember	Decembar
Dienstag	Utorak
Donnerstag	Četvrtak
Februar	Februar
Freitag	Petak
Jahr	Godina
Januar	Januar
Juli	Jul
Juni	Jun
Kalender	Kalendar
Mittwoch	Sreda
Monat	Meseca
Montag	Ponedeljak
November	Novembar
Oktober	Oktobar
Samstag	Subota
September	Septembar
Woche	Nedelja

Tanzen
Dance

Akademie	Akademije
Anmut	Grejs
Ausdrucksvoll	Izražajan
Bewegung	Pokret
Choreographie	Koreografija
Emotion	Emocija
Freudig	Radosno
Haltung	Stav
Klassisch	Klasične
Körper	Telo
Kultur	Kultura
Kulturell	Kulturni
Kunst	Umetnost
Musik	Muzika
Partner	Partner
Probe	Probe
Rhythmus	Ritam
Traditionell	Tradicionalni
Visuell	Vizuelni

Universum
Univerzum

Asteroid	Asteroid
Astronom	Astronom
Astronomie	Astronomije
Atmosphäre	Atmosfera
Äon	Eon
Äquator	Ekvator
Dunkelheit	Tama
Galaxie	Galaksija
Hemisphäre	Hemisfere
Himmel	Nebo
Himmlisch	Nebesko
Horizont	Horizont
Kosmisch	Kosmičke
Mond	Mesec
Orbit	Orbitu
Sichtbar	Vidljive
Solar	Solarne
Sonnenwende	Solsticija
Teleskop	Teleskop
Tierkreis	Zodijaka

Urlaub #2
Одмор # 2

Ausländer	Stranac
Ausländisch	Strani
Camping	Kampovanje
Flughafen	Aerodrom
Freizeit	Slobodno
Hotel	Hotel
Insel	Ostrvo
Karte	Mapa
Meer	More
Pass	Pasoš
Reise	Putovanje
Restaurant	Restoran
Strand	Plaža
Taxi	Taksi
Transport	Prevoz
Urlaub	Odmor
Visum	Viza
Zelt	Šator
Ziel	Odredište
Zug	Voz

Vögel
Ptice

Adler	Orao
Ei	Jaje
Ente	Patka
Eule	Sova
Flamingo	Flamingo
Gans	Guska
Huhn	Pile
Krähe	Vrana
Kuckuck	Kukavica
Möwe	Galeb
Papagei	Papagaj
Pelikan	Pelikan
Pfau	Paun
Pinguin	Pingvin
Rabe	Gavran
Reiher	Heron
Schwan	Labud
Spatz	Vrapca
Storch	Roda
Taube	Golub

Wandern
Planinarenje

Berg	Planine
Camping	Kampovanje
Führer	Vodiči
Gefahren	Opasnosti
Gipfel	Samit
Karte	Mapa
Klima	Klima
Klippe	Klif
Müde	Umoran
Natur	Priroda
Orientierung	Položaj
Schwer	Teška
Sonne	Sunce
Steine	Kamenje
Stiefel	Čizme
Tiere	Životinje
Vorbereitung	Priprema
Wasser	Voda
Wetter	Vreme
Wild	Divlja

Wasser
Voda

Bewässerung	Navodnjavanje
Dampf	Pare
Dusche	Tuš
Eis	Led
Feucht	Vlažne
Feuchtigkeit	Vlage
Fluss	Reke
Flut	Poplava
Frost	Mraz
Geysir	Gejzir
Hurrikan	Uragan
Kanal	Kanal
Monsun	Monsun
Ozean	Okeana
Regen	Kiše
Schnee	Sneg
See	Jezero
Trinkbar	Pitke
Verdunstung	Isparavanja
Wellen	Talasa

Wetter
Vreme

Atmosphäre	Atmosfera
Blitz	Munje
Brise	Povetarac
Donner	Grmljavina
Dürre	Suše
Eis	Led
Himmel	Nebo
Hurrikan	Uragan
Klima	Klima
Monsun	Monsun
Nebel	Magla
Polar	Polarni
Regenbogen	Duga
Sturm	Oluja
Temperatur	Temperatura
Tornado	Tornado
Trocken	Suva
Tropisch	Tropske
Wind	Vetar
Wolke	Oblak

Wissenschaft
Nauka

Atom	Atom
Chemisch	Hemijske
Daten	Podataka
Evolution	Evolucije
Experiment	Eksperiment
Fossil	Fosil
Hypothese	Hipoteze
Klima	Klima
Labor	Laboratorija
Methode	Metod
Mineralien	Minerala
Moleküle	Molekula
Natur	Priroda
Organismus	Organizma
Partikel	Čestice
Pflanzen	Biljke
Physik	Fizike
Schwerkraft	Gravitacije
Tatsache	Stvari
Wissenschaftler	Naučnik

Wissenschaftliche Disziplinen
Naučne Discipline

Anatomie	Anatomije
Archäologie	Arheologije
Astronomie	Astronomije
Biochemie	Biohemije
Biologie	Biologije
Botanik	Botanike
Chemie	Hemije
Geologie	Geologije
Immunologie	Imunologije
Kinesiologie	Kineziologije
Linguistik	Lingvistike
Mechanik	Mehanike
Mineralogie	Mineralogija
Neurologie	Neurologije
Ökologie	Ekologije
Physiologie	Fiziologije
Psychologie	Psihologije
Soziologie	Sociologije
Thermodynamik	Termodinamike
Zoologie	Zoologije

Zahlen
Brojevi

Acht	Osam
Achtzehn	Osamnaest
Dezimal	Decimalne
Drei	Tri
Dreizehn	Trinaest
Fünf	Pet
Fünfzehn	Petnaest
Neun	Devet
Neunzehn	Devetnaest
Null	Nula
Sechs	Šest
Sechzehn	Šesnaest
Sieben	Sedam
Siebzehn	Sedamnaest
Vier	Četiri
Vierzehn	Četrnaest
Zehn	Deset
Zwanzig	Dvadeset
Zwei	Dva
Zwölf	Dvanaest

Zeit
Vreme

Früh	Rano
Gestern	Juče
Heute	Danas
Jahr	Godina
Jahrhundert	Vek
Jahrzehnt	Decenije
Jährlich	Godišnje
Jetzt	Sada
Kalender	Kalendar
Minute	Minut
Mittag	Podne
Monat	Meseca
Morgen	Jutro
Nach	Posle
Nacht	Noć
Tag	Dan
Uhr	Sat
Vor	Pre
Woche	Nedelja
Zukunft	Budućnost

Gratuliere

Sie haben es geschafft !!

Wir hoffen, dass euch dieses Buch genauso viel Spaß gemacht hat wie uns dessen Herstellung. Wir tun unser Bestes, um qualitativ hochwertige Spiele zu erfinden. Diese Rätsel sind auf eine clevere Art und Weise entworfen, damit sie aktiv lernen und daran Vergnügen finden.

Hat ihnen das Buch gefallen ?

Eine einfache Bitte

Unsere Bücher existieren dank der Rezensionen, die sie veröffentlichen. Können sie uns helfen indem sie jetzt eine Meinung hinterlassen ?

Hier ist ein kurzer Link, der Sie zu ihrer Bewertungsseite führt

 BestBooksActivity.com/Rezension50

MONSTER HERAUSFÖRDERUNGEN !

Herausförderung 1

Bereit für ihr Bonusspiel? Wir verwenden sie ständig, aber sie sind nicht einfach zu finden. Es sind die Synonyme !

Notieren sie 5 Wörter, die sie in den untenstehenden Rätseln (Nummer 21, 36 und 76) entdeckt haben und versuchen sie für jedes Wort 2 Synonyme zu finden .

Notieren sie 5 Wörter aus Rätsel 21

Wörter	Synonym 1	Synonym 2

Notieren sie 5 Wörter aus Rätsel 36

Wörter	Synonym 1	Synonym 2

Notieren sie 5 Wörter aus Rätsel 76

Wörter	Synonym 1	Synonym 2

Herausförderung 2

Jetzt, wo sie warm sind, notieren sie 5 Wörter, die sie in jedem der untenaufgeführten Rätseln entdeckt haben (Nummer 9, 17 und 25) und versuchen sie für jedes Wort 2 Antonyme zu finden. Wie viele davon können sie binnen 20 Minuten finden ?

Notieren sie 5 Wörter aus **Rätsel 9**

Wörter	Antonym 1	Antonym 2

Notieren sie 5 Wörter aus **Rätsel 17**

Wörter	Antonym 1	Antonym 2

Notieren sie 5 Wörter aus **Rätsel 25**

Wörter	Antonym 1	Antonym 2

Herausförderung 3

Wunderbar, diese Monster Herausförderung  wird kein Problem für sie sein !

Bereit für die letzte Herausförderung? Wählen sie ihre 10 Lieblingswörter aus, die sie in einem Rätsel entdeckt haben und notieren sie sie unten.

1.	6.
2.	7.
3.	8.
4.	9.
5.	10.

Die Aufgabe besteht nun darin mit diesen Wörtern und in maximal sechs Sätzen einen Text herzustellen über eine Person, ein Tier oder ein Ort den sie lieben !

Tipp : sie können die letzten leeren Seiten dieses Buches als Entwurf verwenden

Ihr Schreiben :

_____

_____

_____

_____

_____

_____

_____

NOTIZBUCH :

AUF BALDIGES WIEDERSEHEN !

Linguas Classics

KOSTENLOSE SPIELE GENIESSEN

GO

↓

BESTACTIVITYBOOKS.COM/FREEGAMES

www.ingramcontent.com/pod-product-compliance
Lightning Source LLC
Chambersburg PA
CBHW081714120626
46550CB00010B/3130